D0824190

Vivre
en famille
recomposée

Catalogage avant publication de Bibliothèque et Archives nationales du Québec et Bibliothèque et Archives Canada

Reny, Pascale
    Vivre en famille recomposée
    (Collection Famille)
    ISBN 978-2-7640-1423-3
    1. Familles recomposées. 2. Parents et enfants. 3. Rôle parental. 4. Beaux-parents. I. Titre. II. Collection: Collection Famille (Éditions Quebecor).

HQ759.92.R46 2009   306.874'7   C2009-941536-4

© 2009, Les Éditions Quebecor
Une compagnie de Quebecor Media
7, chemin Bates
Montréal (Québec) Canada
H2V 4V7

Dépôt légal: 2009
Bibliothèque et Archives nationales du Québec

Pour en savoir davantage sur nos publications, visitez notre site: www.quebecoreditions.com

Éditeur: Jacques Simard
Conception de la couverture: Bernard Langlois
Illustration de la couverture: Dreamstime, Istock
Conception graphique: Sandra Laforest
Infographie: Claude Bergeron

Imprimé au Canada

DISTRIBUTEURS EXCLUSIFS:

• Pour le Canada et les États-Unis:
MESSAGERIES ADP*
2315, rue de la Province
Longueuil, Québec J4G 1G4
Tél.: (450) 640-1237
Télécopieur: (450) 674-6237
* une division du Groupe Sogides inc.,
filiale du Groupe Livre Quebecor Média inc.

• Pour la France et les autres pays:
INTERFORUM editis
Immeuble Paryseine, 3, Allée de la Seine
94854 Ivry CEDEX
Tél.: 33 (0) 4 49 59 11 56/91
Télécopieur: 33 (0) 1 49 59 11 33

Service commande France Métropolitaine
Tél.: 33 (0) 2 38 32 71 00
Télécopieur: 33 (0) 2 38 32 71 28
Internet: www.interforum.fr

Service commandes Export – DOM-TOM
Télécopieur: 33 (0) 2 38 32 78 86
Internet: www.interforum.fr
Courriel: cdes-export@interforum.fr

• Pour la Suisse:
INTERFORUM editis SUISSE
Case postale 69 – CH 1701 Fribourg – Suisse
Tél.: 41 (0) 26 460 80 60
Télécopieur: 41 (0) 26 460 80 68
Internet: www.interforumsuisse.ch
Courriel: office@interforumsuisse.ch

Distributeur: OLF S.A.
ZI. 3, Corminboeuf
Case postale 1061 – CH 1701 Fribourg – Suisse

Commandes: Tél.: 41 (0) 26 467 53 33
Télécopieur: 41 (0) 26 467 54 66
Internet: www.olf.ch
Courriel: information@olf.ch

• Pour la Belgique et le Luxembourg:
INTERFORUM BENELUX S.A.
Fond Jean-Pâques, 6
B-1348 Louvain-La-Neuve
Tél.: 00 32 10 42 03 20
Télécopieur: 00 32 10 41 20 24

Gouvernement du Québec – Programme de crédit d'impôt pour l'édition de livres – Gestion SODEC.

L'Éditeur bénéficie du soutien de la Société de développement des entreprises culturelles du Québec pour son programme d'édition.

Nous reconnaissons l'aide financière du gouvernement du Canada par l'entremise du Programme d'aide au développement de l'industrie de l'édition (PADIÉ) pour nos activités d'édition.

Vivre
en famille
recomposée

Le couple, les ex-conjoints,
le rôle de beau-parent,
la famille et l'environnement

Pascale Reny
M. Sc. Sciences infirmières

LES ÉDITIONS
Quebecor
Une compagnie de Quebecor Media

*À mes parents qui m'ont ouvert le chemin,
à mon amour sans qui rien n'aurait été possible,
à nos enfants qui regardent vers l'avenir.*

Remerciements

Ce livre ne serait pas ce qu'il est sans l'immense contribution d'une personne qui m'est chère. Son expertise en littérature ainsi que sa vaste expérience professionnelle et personnelle m'ont permis de faire d'indispensables apprentissages. Sa patience, sa générosité, son dévouement et son enthousiasme m'ont été salutaires. Merci à Roger, mon père.

Comment ne pas parler de mon ami, de mon amoureux, de mon conjoint, de mon époux. On pourrait dire que, sans lui, mon expérience de la vie en famille recomposée aurait été limitée. Évidemment, c'est grâce à son engagement, à sa tolérance, à sa simplicité et à son ouverture d'esprit que notre famille m'a tant inspirée. Pourtant, son plus grand apport est certainement le fait qu'il me soutient inconditionnellement dans tout ce que j'entreprends. Sa simple présence contribue grandement à mon équilibre personnel, ce qui me permet de m'épanouir.

À mes chers amis. À ceux qui viennent et qui repartent. À ceux dont nos chemins se sont séparés. À ceux qui sont là, à la vie, à la mort. À ceux qui sont d'abord des amis avant d'être des membres de ma famille. À ceux, bien entendu, qui sont si près de moi et à ceux que je ne côtoie qu'occasionnellement. Vous avez tous, de près ou de loin, contribué à m'inspirer, à me nourrir et à me stimuler. Je vous en suis reconnaissante et je vous apprécie pour tout ce que vous êtes à votre façon. Je sais pertinemment que vous saurez vous reconnaître.

À mon éditeur, qui a accepté de me faire confiance, un gros merci.

Avant-propos

Depuis aussi longtemps que je me souvienne, j'ai toujours manifesté beaucoup d'intérêt pour les relations humaines. Au début de ma carrière, ma profession d'infirmière m'a permis d'explorer un grand nombre de spécialités médicales dans le milieu hospitalier. Un peu plus tard, c'est mon travail en santé communautaire (CLSC) qui m'a également beaucoup appris. Ma carrière a ensuite bifurqué vers le domaine de l'enseignement collégial. J'enseigne depuis une quinzaine d'années aux futures infirmières. Mon champ d'expertise est celui de la santé mentale, de la relation d'aide et de la psychiatrie. J'ai poursuivi une scolarité qui m'a permis de parfaire mes connaissances dans des domaines connexes. Je me suis beaucoup intéressée aux dynamiques familiales et à la vie de couple. Enfin, j'ai terminé un mémoire de maîtrise dont le sujet de recherche portait, en partie, sur le rôle du père dans nos sociétés modernes. Le fil conducteur de ma vie professionnelle est toujours demeuré celui de la santé.

Avec le temps, j'ai reçu de nombreuses confidences de personnes qui traversaient des périodes plus ou moins houleuses dans leur vie familiale. Parmi celles-ci, je suis grandement redevable à mes amies intimes qui, grâce à nos échanges fructueux sur la vie de couple et de famille, ont beaucoup enrichi mes connaissances.

Toutefois, ma plus grande source d'inspiration pour l'écriture de cet ouvrage demeure mon expérience personnelle. En effet, j'ai grandi au sein d'une famille recomposée à partir du début des années 1970, à l'heure où très peu de divorces étaient prononcés au Québec. J'étais encore enfant lorsque ma mère s'est remariée. Elle a donné naissance, quelques années plus tard, à mon demi-frère – plutôt véritable frère à mes yeux ! Mon père, pour sa part, vit en union libre avec sa conjointe depuis plus de 20 ans. Celle-ci a quatre enfants issus de son premier mariage.

Actuellement, je vis moi-même depuis plus de 10 ans au sein d'une famille recomposée. Je suis mère de deux enfants nés d'une première union, une fille et un garçon. Je me suis remariée avec un homme qui était lui-même père de deux enfants quand je l'ai rencontré. Avec tous ces hauts et ces bas, je considère que notre expérience de vie commune s'avère fort heureuse.

Mon parcours professionnel et, surtout, personnel m'a donc permis d'acquérir une bonne connaissance du phénomène des familles recomposées. C'est pourquoi il me tarde de partager avec vous mes réflexions.

Introduction

Force est d'admettre que la structure familiale dans nos sociétés s'est largement modifiée en à peine plus d'une génération. Dans ce contexte, plusieurs font l'expérience de vivre en famille recomposée. Plus souvent qu'autrement, lorsque la décision d'une telle cohabitation est prise, les adultes concernés sont pleins d'amour, de bonne volonté et d'espoir. Cependant, plusieurs n'ont aucune idée des défis auxquels ils devront faire face. Grand nombre de ces défis, aussi variés que complexes, sont communs d'une famille recomposée à l'autre. Les conjoints se demandent alors s'ils pourront vivre cette expérience sans se «décomposer» tout en «composant» avec leur vie et en «recomposant» une nouvelle réalité au sein d'une famille recomposée. Dans cet état d'esprit, leur expérience peut prendre les formes suivantes.

Ils se «décomposent» momentanément devant des remarques telles que «T'es pas mon père!», «Ma mère me laisse manger du chocolat, elle!», «Je vais aller vivre chez papa si...». Il en sera de même devant un effort saboté, une remarque déplacée, une demande ignorée, une écoute manquée, un sentiment incontrôlé.

Ils «composent» avec leur passé, leurs «ex-conjoints», leurs convictions, leurs deuils, leur manque d'expérience, leurs peurs, leurs obligations. Et encore, avec leurs valeurs, leur bonne foi, leur générosité et leur volonté. Parfois aussi, ils composeront le numéro de téléphone de leur meilleur ami, de leur psychologue, du directeur d'école mécontent ou de leur avocat!

Les partenaires «recomposent» enfin une nouvelle culture familiale, une nouvelle façon de voir les choses, une nouvelle force, un nouveau lieu, donnant naissance à un nouveau «nous» et à un nouveau «soi». Et peut-être recomposent-ils à nouveau le numéro de leur psy ou de leur avocat!

Dans un tel contexte, il n'est pas toujours facile de se repérer. Cet ouvrage a pour but de vous aider en vous proposant une multitude de réflexions sur la vie en famille recomposée. Il comprend sept chapitres qui, globalement, abordent tous les différents liens relationnels présents au sein de ce type de famille. Le premier chapitre explore les particularités de la vie de couple. Dans le deuxième, il est question d'un sujet souvent tabou: la gestion des émotions engendrées par la dynamique relationnelle avec les ex-conjoints. Quant au troisième chapitre, il traite du rôle délicat et complexe de beau-parent et, par ricochet, de celui de parent. Les relations entre les enfants eux-mêmes font ensuite l'objet du quatrième chapitre. Le cinquième suggère de façon exclusive un certain nombre d'outils pratiques qui s'ajoutent à ceux mentionnés dans les chapitres précédents. De cette façon, l'ensemble des moyens proposés dans cet ouvrage contribuera, je l'espère, à favoriser votre harmonie familiale. Au sixième chapitre, j'ouvre des perspectives beaucoup plus larges en abordant les relations entre les différents membres de la famille et l'environnement. Reste enfin un dernier chapitre qui se différencie des précédents dans la mesure où il s'agit d'un canevas permettant la mise en application du processus de solution de problèmes.

En rédigeant ce livre, j'ai toujours eu dans l'optique que le lecteur pouvait être aussi bien un homme qu'une femme. Par contre, étant donné le grand nombre de relations familiales abordé, le texte m'est rapidement apparu confus et lourd. Pour simplifier les choses, j'ai alors décidé que le destinataire serait une femme; le genre féminin domine donc le texte. Néanmoins, cette décision n'exclut d'aucune façon les lecteurs masculins qui font l'objet d'un tout aussi grand intérêt de ma part.

De plus, dans la majorité des cas, je m'adresse à une lectrice type dont les caractéristiques sont les suivantes: elle a la garde complète de son ou ses enfants nés d'un premier mariage. Son conjoint actuel a également un ou des enfants qu'il côtoie régulièrement. Le nouveau couple pourrait, en plus, avoir des enfants communs. En gardant en tête cette situation de départ, je m'assure d'englober tous les autres lecteurs vivant au sein d'une famille qui comporte un moins grand nombre de relations.

Ces précisions faites, je tiens à souligner que je n'ai pas la prétention de détenir la vérité. Je vous fais simplement part d'une certaine perception de la réalité que vous aurez le loisir de juger utile ou non. Je n'ai évidemment pas non plus la prétention d'avoir abordé de façon exhaustive tous les aspects de la vie en famille recomposée. Je considère mon ouvrage plutôt comme un essai qui se veut, selon le *Petit Robert*, un «ouvrage littéraire en prose de facture très libre, *traitant d'un sujet qu'il n'épuise pas* [...].» Voilà une définition qui me convient bien.

Il ne me reste plus qu'à vous souhaiter une bonne lecture!

Chapitre 1

Le couple : comment maintenir l'harmonie ?

Ça y est, votre partenaire et vous avez fait le choix de vivre ensemble. Cette décision amorce un nouveau départ chargé d'espoir. Vous êtes peut-être inquiète, mais vous avez tout de même choisi de prendre un risque et de faire peau neuve en partageant votre vie avec une nouvelle personne. Tous les deux, vous êtes remplis de bonne volonté, vous êtes prêts à vous investir pleinement dans vos nouvelles relations et vous envisagez l'avenir avec confiance.

Si vous vivez déjà depuis un certain temps en famille recomposée, il se pourrait que l'enthousiasme du début se soit progressivement émoussé et que vous soyez surprise par l'ampleur des défis à relever. Votre couple vit peut-être alors des tensions. Que cela soit le cas ou non, ce chapitre vous aidera à consolider ce qui est à la base de tout votre projet, ce qui est essentiel, ce sans quoi votre nouvelle famille n'existerait pas, c'est-à-dire l'amour que vous entretenez l'un envers l'autre.

Outils gagnants pour votre couple

Créer des zones d'intimité et avoir du *fun*

Normalement, avant d'avoir des enfants, les couples vivent des périodes d'intimité qui leur permettent de développer des liens de solidarité et de connivence. Mais lorsqu'il s'agit d'une famille recomposée, ils n'ont pas cette chance. Ceux-ci doivent apprendre à se découvrir et à se rejoindre tout en assumant des responsabilités parentales, mais, en plus, ils doivent harmoniser des habitudes domestiques déjà bien ancrées afin de favoriser le bon fonctionnement de la famille. Rappelons qu'au quotidien c'est souvent la multiplication de petits détails qui engendre des malentendus aux proportions grotesques. Prenons un exemple banal : la lessive. Manon a toujours fait son lavage tous les deux jours ; elle lave les serviettes de bain après chaque utilisation, elle trie les sous-vêtements afin de faire une brassée avec de l'eau de Javel, elle fait des tas de vêtements plutôt petits et elle ne met jamais, au grand jamais, ses chandails à col roulé dans la sécheuse, elle les étend plutôt sur un sèche-linge. Sylvain, quant à lui, n'a jamais eu comme habitude de faire son lavage régulièrement. Il s'adonne à cette activité seulement lorsque cela devient nécessaire. Il lave ses serviettes une fois par semaine et ne voit pas l'utilité de faire une brassée à l'eau de Javel. Il ne sait pas que certains vêtements ne vont pas dans la sécheuse et n'a jamais entendu parler d'un sèche-linge. Maintenant, multipliez cette anecdote par 100 et ajoutez des enfants qui vous courent entre les jambes. Si vous n'avez pas mis votre conjoint dans la sécheuse avec le chandail que vous lui avez offert pour lui prouver qu'il va rétrécir, c'est lui qui vous aura suspendu sur le sèche-linge pour vous montrer qu'il n'y a pas que cela qu'on peut y suspendre ! Enfin, tous ces ajustements demandent du temps et une bonne dose d'humour. Vous avez donc besoin de moments d'intimité pour faire le point et pour vous retrouver. Et vous avez surtout besoin d'intimité pour avoir du plaisir ensemble afin de contrebalancer tous les irritants de la vie quotidienne. Bref, il est primordial que vous organisiez ces moments précieux afin de ne pas vous perdre de vue. Assurez-vous que ces bulles d'intimité prévoient des activités qui vous feront plaisir et qui correspondront à la fois à vos goûts et à ceux de votre conjoint. De plus, si vous bénéficiez de périodes où vous n'avez pas la garde de vos enfants, profitez-en au maximum.

Au demeurant, soyez consciente du fait que plus vous aurez discuté et réglé un certain nombre d'irritants avec votre conjoint, plus vos moments d'intimité seront exempts de soucis et plus ils seront appréciés. Certains peuvent se décourager et trouver les choses compliquées mais persévérez, car cela en vaut la peine. Même si, au début, vos temps d'intimité se transforment parfois en règlements de comptes, ce n'est pas du temps perdu, mais bien du temps gagné, car plus le temps s'écoule avant qu'on en parle, plus il faut en parler longtemps. Dans les circonstances, je vous invite à lire les prochaines lignes qui vous donneront des pistes pour communiquer sainement avec votre conjoint. Au préalable, j'ajouterai qu'il est fréquent, au début, de voir plusieurs couples vivre intensément une lune de miel qui les porte à négliger leurs enfants. Comme j'ai pu le constater, certains vivent une idylle amoureuse comme s'ils étaient libres de toutes obligations. Outre le fait que vos enfants ont besoin de vous, ce comportement contribue à ce qu'ils perçoivent votre partenaire comme une menace, ce qui ne manquera pas d'avoir un impact négatif sur l'ensemble de la famille.

Avoir une saine communication

Le succès de la famille recomposée réside en grande partie sur la capacité qu'auront les conjoints à communiquer entre eux. Dans mon cas, par exemple, mon conjoint et moi avons dû discuter beaucoup afin de maintenir l'harmonie familiale. En effet, ayant chacun deux enfants – dont ceux de mon partenaire qui viennent séjourner une fin de semaine sur deux –, plusieurs ajustements ont été nécessaires au début. Sans l'avoir planifié, nous avions pris l'habitude de nous entretenir après que mon conjoint eut été reconduire ses enfants le dimanche soir. À ce moment, nous avions une période de calme qui nous permettait de parler sans être interrompus. Nous en profitions pour faire un retour sur les événements des dernières 48 heures; nos impressions, nos perceptions, notre vécu, notre façon de voir nos interventions auprès des enfants, nos irritants. Au grand désespoir de mon amoureux qui n'est pas un expert en communication, nos conversations pouvaient facilement durer plus de deux heures (je sais que cela peut paraître long, mais moins que de vivre trop longtemps avec des inquiétudes et du ressentiment). Avec le temps et au fur et à mesure que nous nous sommes ajustés, ces conversations se sont raccourcies jusqu'à s'espacer et n'être plus nécessaires. Ce temps de discussion s'est par contre étalé sur une période de presque deux ans.

Plusieurs couples recomposés que j'ai rencontrés ont employé cette stratégie. Prenons, par exemple, Denis et Michelle qui vivent ensemble depuis plus de 25 ans. Au début de leur relation, chacun d'eux avait une adolescente âgée respectivement de 14 et 15 ans. Et, vous l'aurez deviné, les flammèches ne manquaient pas. Le couple, donc, avait pris l'habitude de «s'extraire» du foyer familial en allant faire de longues promenades. Beau temps, mauvais temps, ils ne manquaient pas une occasion de s'évader. Leurs paroles déferlaient au même rythme que leurs pas, ce qui leur apportait un soulagement à la fois physique et psychologique. De véritables marches de santé !

Bref, difficile d'échapper à l'importance de se parler, mais encore faut-il avoir une saine communication. Voici les repères que je vous propose afin que vous y parveniez.

Comprendre où l'on se situe et bien l'exprimer

Pour être capable de communiquer adéquatement, il faut savoir mettre des mots sur ce que l'on ressent. Dans le domaine de l'harmonie relationnelle, il n'est point question de discourir sur des sujets d'actualité, de faire un exercice intellectuel en dissertant sur un point de vue ou d'amorcer un débat d'idées. Il est d'abord et avant tout question de soi en rapport avec l'autre. Dans cet univers complexe, le rationnel en prend pour son rhume ! Nous pourrions justement comparer le rhume à un stress émotionnel. Quelle est la première chose qui vous indique que vous avez le rhume ? Les symptômes (mal de gorge, toux, nez qui coule... on dirait que je fais une annonce de sirop !). Lors d'un stress émotionnel, les symptômes sont vos émotions ressenties (peur, tristesse, frustration, colère...). Ce sont effectivement vos émotions qui vous indiquent que vous avez un déséquilibre. Si vous voulez dès lors aborder le problème rationnellement, vous ne cesserez de vous demander s'il est légitime d'éprouver une émotion plus qu'une autre, par exemple.

Par analogie avec le rhume, vous vous interrogerez sur votre type de rhume, sur sa durée logique, sur la fréquence à laquelle il est convenable d'en avoir un... mais vous aurez le rhume quand même. Si vous écopez du rhume «grosse toux» et «nez en robinet», votre conjoint ne manquera pas de le remarquer. Ces symptômes pourraient être comparés, sur le plan émotionnel, à une grosse colère ou à une grosse crise de larmes. Si, par contre, vous étiez au stade de «nez qui pique» ou «gorge irritée» (sentiment d'agacement ou d'irritation, par exemple), votre conjoint a toutes les chances de n'avoir aucune idée de votre malaise, à moins que vous ne le lui disiez. Si vous lui dites en lui étalant votre virus à la figure (en criant que vous êtes frustrée), vous serez deux à avoir le rhume (il deviendra également frustré) et vous ne serez pas plus avancé. Si, par contre, vous lui dites: «Je constate que j'ai le rhume, j'ai besoin de repos, j'aimerais que tu m'apportes du sirop», vous avez toutes les chances d'avoir sa collaboration et, surtout, de guérir avant d'avoir «la totale» des gros rhumes (donc avant que vos émotions contraignantes prennent trop d'ampleur). En fait, qu'est-ce que tout cela signifie? C'est qu'il faut que vous soyez alerte à tous vos symptômes émotionnels. Si vous avez endurci votre corps au point de ne ressentir aucune émotion (vous l'avez fait parce que c'était plus utile à un moment de votre vie, donc ne vous jugez pas, mais permettez-vous de reconsidérer cette utilité), vous risquez d'être agonisante avant de vous apercevoir que vous êtes malade (ou c'est votre relation de couple qui sera agonisante).

Donc, en premier lieu, ne vous demandez pas s'il y a beaucoup de virus du rhume cette année ou si votre voisin est infecté par le rhume (rationnel), mais plutôt si vous vous sentez bien en ce moment (émotionnel) car c'est votre seul moyen de savoir si Monsieur le Rhume pointe son nez à l'horizon. C'est également le seul moyen d'avoir des repères efficaces pour jauger l'état de votre relation conjugale. En nommant l'émotion que vous avez ressentie lorsque vous avez vécu telle ou telle expérience avec votre conjoint, ou en lui avouant tout simplement celle que vous ressentez lorsqu'il tient tel ou tel propos, alors vous êtes sur la bonne voie. Pour faire un pas de plus, n'oubliez pas que vos émotions sont des symptômes d'un bon ou d'un mauvais équilibre en vous. S'il s'agit d'un déséquilibre, encore faut-il en trouver la cause. Il est souvent créé par une perception de manque qui correspond à un besoin non comblé (besoin de sécurité, d'amour, d'intimité, de respect...). Alors, aussi bien pousser plus loin afin de combler ce besoin. Ce faisant, vous cesserez de recevoir des alertes émotionnelles. Il y a plusieurs façons de combler ses besoins. L'une d'entre elles consiste à faire une demande claire à votre conjoint. Celui-ci sera alors libre de la refuser ou de l'accepter, mais cette décision lui appartient. Par contre, ce qui vous appartient, c'est le fait de trouver une autre façon de combler votre besoin en cas de refus de sa part. À ce stade, n'hésitez pas à être créative. L'exemple suivant illustre bien mon propos.

Chaque dimanche, Georges et Martine (sa nouvelle conjointe) vont souper chez Monique (mère de Georges). À cette occasion, Monique communique très peu avec Martine ; elle ignore même plusieurs de ses propos et ne manque pas de faire allusion à des anecdotes concernant Sylvie, ancienne conjointe de Georges. De plus, ce dernier demeure plutôt indifférent aux comportements de sa mère et affiche une attitude correcte envers Martine, mais pas particulièrement affectueuse. Lorsque Georges et Martine se retrouvent dans l'intimité, celle-ci a eu le temps de bien établir ses émotions et son besoin. Voici ce qu'elle dit à Georges : «J'ai bien mangé chez ta mère, le repas était fabuleux et je suis très contente de ma soirée.» Mais non! Une telle affirmation serait complètement inefficace! Elle dit plutôt: «Lorsque ta mère a encore parlé de Sylvie, qu'elle n'a eu aucune conversation avec moi et que tu t'es assis loin de moi toute la soirée, je me suis sentie très en colère, frustrée et abandonnée. Je me rends compte que j'ai besoin d'être reconnue par ta mère. J'aimerais que la prochaine fois tu lui signifies qu'elle évite de rapporter des anecdotes liées au temps où tu étais avec Sylvie et que tu lui dises que tu apprécierais qu'elle tente de me connaître davantage.» Georges est alors sensible aux propos de Martine, mais il défend sa mère qui avait développé de bons liens avec Sylvie et il préfère lui laisser du temps plutôt que d'intervenir trop rapidement. Bien que Martine essuie un refus de la part de Georges, elle reste bien consciente de ses émotions et constate qu'elle ressent moins de colère mais éprouve encore de la frustration. Elle ne tente pas d'ignorer ses émotions et encore moins son besoin de reconnaissance.

Finalement, après une longue discussion, Martine et Georges conviennent de la chose suivante: dorénavant, Georges ira manger seul chez sa mère un soir pendant la semaine et Martine ne l'accompagnera qu'un dimanche par mois. À cette occasion, Georges sera plus vigilant et s'engagera à manifester des marques d'affection à l'endroit de Martine (ni l'un ni l'autre n'ont choisi de discuter directement avec Monique pour l'instant).

Cette entente peut être révisée à tout moment mais, pour l'instant, c'est ce qui convient le mieux à Georges et à Martine. Cette dernière se sent maintenant plus respectée et reconnue (du moins par son conjoint), ses émotions négatives ont disparu et tous les deux s'endorment le cœur léger. Tel un conte de fées, ils se marièrent et eurent beaucoup d'enfants... Notez bien que ce n'est pas un baiser que Martine a obtenu de son prince charmant, mais bien une bonne conversation... Pourquoi ne dit-on pas cela aux enfants ?

Résumons-nous : dans le but d'avoir une bonne relation avec votre conjoint, il faut d'abord comprendre où vous vous situez vous-même. Cela implique de déterminer vos émotions et les besoins non comblés qu'elles vous signalent. Il faut établir les faits concrets qui ont provoqué vos émotions et les partager à votre partenaire en lui faisant également une demande claire. Notez bien que cette démarche exige une très grande authenticité. Il faut avoir le courage d'être honnête, d'abord envers soi, puis envers son conjoint. Il faut également traduire vos émotions avec l'intensité qu'elles ont réellement sans les atténuer. Ne dites pas que vous êtes agacée lorsque vous êtes furieuse ou que vous êtes « tristounette » lorsque vous êtes dévastée. Il ne faut pas juger vos émotions. Soyez-en l'observatrice comme s'il s'agissait d'un film. Est-ce que vous essaieriez de nier, de juger ou de combattre les émotions de dégoût que vous auriez éprouvées face au personnage méprisant d'un film ? Non. De la même façon, portez-vous un jugement sur la quantité d'écoulement nasal ou sur le niveau de mal de gorge que vous éprouvez ? Non. À part la contrariété de devoir prendre de l'énergie pour vous occuper de vous, ces indices grippaux ne sont pas condamnables. Vous n'êtes pas une mauvaise personne parce que votre nez coule plus souvent qu'un autre pendant une période de votre vie. Alors, ne jugez pas vos émotions et exprimez-les.

Si vous pensez ménager la susceptibilité de votre conjoint en atténuant ou en cachant vos émotions, vous faites une grande erreur, car non seulement vous ne réglerez rien, mais en plus vous risquez d'aggraver la situation à moyen terme même si vous faites un petit gain de paix à court terme. À ce propos, il est également très important de ne pas avoir peur de la confrontation. C'est du folklore de penser qu'être amoureux c'est de deviner l'autre, de combler tous ses besoins et de ne jamais dire un mot plus haut que l'autre. La confrontation est saine tant qu'elle reste dans les limites d'un certain respect. En fait, non seulement elle est saine, mais elle est aussi souhaitable. Avoir peur de la confrontation, c'est avoir peur de soi-même. Si vous pensez qu'il est préférable d'éviter la confrontation pour ménager votre partenaire, dites-vous que vous le privez également de vous faire une rétroaction qui vous permettrait de vous découvrir à travers ce que l'autre perçoit de vous. Allez, hop ! Dites ce que vous pensez en étant honnête et en acceptant de faire un peu de vagues. J'ai bien dit des vagues et non un tsunami. Pour ne pas faire de tsunami, il faut utiliser de bons moyens de communication ; c'est ce que nous verrons dans ce qui suit.

Choisir le bon moment

Pour communiquer efficacement avec son partenaire, il vaut mieux ne pas être au milieu d'un souper entre amis, au moment où un petit hurle à pleins poumons et que votre conjoint est préoccupé à réussir son omelette soufflée (je n'ai jamais essayé, mais il paraît que c'est difficile à faire une omelette soufflée). Bon, nul ne peut s'opposer devant l'évidence de l'inopportunité de cette situation pour discuter. Par contre, dans la vie, les contextes sont souvent plus subtils. D'abord, c'est un *must* de commencer par préparer le terrain en avisant votre partenaire à l'avance du fait que vous désirez vous entretenir avec lui. Évidemment, donnez-vous des conditions gagnantes en attendant (par exemple, avoir un moment calme et intime pour discuter).

Si votre besoin de converser survient après une engueulade ou un événement malencontreux, attendez que vos esprits échauffés se soient refroidis. Je sais qu'il est souvent très tentant de «décharger» sur les autres dans de tels moments, mais si vous voulez des relations durables, exercez-vous à apprendre à vous calmer avant de parler. Trouvez n'importe quel moyen de relaxer un peu, mais trouvez-en un. Allez jaser avec votre râteau, clouer des clous, plier votre linge, frotter un chaudron... Au moins, votre bouillante évacuation d'énergie vous permettra d'avancer dans vos travaux domestiques et vous ne tordrez pas (sur le plan psychologique, bien entendu) ceux que vous aimez. Inversement, de grâce, laissez le temps à l'autre de se calmer avant d'amorcer la discussion. Si vous reprenez votre sang-froid en cinq minutes, il est possible qu'il en faille deux heures à votre partenaire. Remarquez que je n'associe aucun de ces comportements à un sexe en particulier. Par contre, il est bon de souligner le fait que, selon le best-seller *Les hommes viennent de Mars, les femmes viennent de Vénus*[1], lors d'un stress, les femmes auront davantage tendance à vouloir en parler et les hommes, à se retirer pour régler seuls leur situation. Dans les circonstances, Mesdames, acceptez de ne pas discuter de tout, tout le temps et tout de suite.

Pour ma part, mon conjoint pouvait prendre plusieurs heures avant que je puisse discuter avec lui. Mal à l'aise avec la discorde, je le pourchassais jusque dans son garage (eh oui, c'est bien le sien, et surtout à ces moments-là) afin de soulager ma tension par le dialogue. Se sentant traqué, il finissait par me dire: «Ah, c'est compliqué, des fois je me dis que je serais mieux tout seul à vivre dans le bois!» Évidemment, je me sentais visée en pensant qu'il trouvait trop difficile de vivre avec moi plutôt que de

1. J. GRAY. *Les hommes viennent de Mars, les femmes viennent de Vénus*, Montréal, Éditions Logiques, 1994, 383 p.

voir cela comme une incapacité à communiquer avec moi à ce moment précis. Avec le temps, j'ai appris à respecter les zones de retrait et de silence de mon conjoint, et lui a appris à respecter mon besoin de discuter dans un délai raisonnable (j'ai clarifié ce qu'était un délai raisonnable à mes yeux: c'est de ne pas dormir sur un différend, sinon, de ne pas attendre plus qu'un jour ou deux pour en discuter). Finalement, plus je lui laissais cette marge de manœuvre sans lui faire de pression (et, surtout, en acceptant et en apprivoisant mon propre malaise – je vous l'ai dit, il ne faut pas juger ou avoir peur de ses émotions) et moins cela prenait de temps. À un certain moment, nous avons même réussi à en rire en nous dotant d'un code. S'il devait quitter la maison dans de pareils moments, je lui disais de regarder dans les magasins s'il y avait des réductions sur la bonne humeur (cela dit en riant et sans sarcasme). S'il revenait encore un peu bourru, il me répliquait qu'il n'en avait pas trouvé. À la fin, le temps d'attente a diminué de lui-même, jusqu'à ne plus parler des réductions ou de magasinage, et jusqu'au point où je ne remarque même plus les temps de retrait de mon chéri. Cela dit, tout est dans le respect des zones de confort de chacun. Si cela fait un mois que vous espérez un dialogue qui ne vient pas, relisez le paragraphe précédent afin de dire quelque chose comme: «Je me sens frustrée; j'ai besoin de discuter avec toi. J'aimerais que nous le fassions ce soir vers 21 h.» N'oubliez pas, il est important que la demande soit claire, mais vous n'avez pas de pouvoir sur le fait que l'autre y réponde ou non. Vous ne pouvez que rester ouverte à d'autres propositions de sa part, tout en ne perdant pas de vue votre besoin.

Écouter

Pour communiquer adéquatement, il faut savoir écouter. J'enseigne la relation d'aide depuis plusieurs années et je suis toujours surprise de constater à quel point cette notion toute simple et qui fait pourtant consensus est assurément la plus difficile à faire. Avec le temps, je me suis dit qu'écouter était en fait un grand don de soi. Écouter, c'est se mettre en parenthèses pour s'ouvrir à l'autre. Écouter n'est pas facile, c'est un acte de volonté ; il faut délibérément prendre la décision de le faire. Écouter, c'est faire le vide dans sa tête et renoncer à son discours intérieur. C'est accepter d'accueillir, sans jugement, l'autre dans son intégralité. C'est aussi ne pas argumenter intérieurement afin de le convaincre que sa vision est fausse, car ce qui est émis est la perception de l'autre, à un moment précis de sa vie.

Soyez capable d'écouter en vous disant carrément : «Qu'est-ce qu'il essaie de me dire ?» Concentrez-vous au maximum, soyez présente dans le ici et maintenant. Autant il est important de reconnaître et d'exprimer ses émotions et ses besoins, autant il est important d'écouter ceux de l'autre et de le faire sincèrement en lui étant totalement présente.

Communiquer

Une communication nécessite un émetteur et un récepteur. En tant qu'émetteur, bien qu'il soit important d'exprimer votre ressenti, encore faut-il le faire adéquatement. Évidemment, il faut vous rappeler que le tu «tue». Donc, nul besoin d'assommer votre interlocuteur à grands coups d'accusations. Ce sera beaucoup plus efficace de parler en termes de «je». Par exemple : «Je me sens triste quand il se passe ceci ou cela» ou «J'ai besoin de plus de repos», ou encore «Je suis de mauvaise foi car je ne me sens pas écoutée». Ces formulations sont plus faciles à recevoir que : «Tu es bête et sans-cœur quand tu fais ceci et cela» ou «Tu es égoïste, car tu n'es jamais capable de m'aider», ou encore «Tu es de mauvaise foi». Notez que cette dernière remarque met bien en relief le fait que vous appréhendez le monde à partir de ce que vous êtes. Donc, vos accusations sont souvent révélatrices d'un aspect caché ou non accepté de vous-même.

Enfin, pour optimiser vos échanges, il est toujours gagnant de reconnaître les obstacles à la communication que vous utilisez. Ces obstacles créent une fermeture chez votre interlocuteur parce qu'il ne se sent pas écouté. Ce sont des propos que vous tenez et qui ont pour résultat d'inciter l'autre à ne plus se confier à vous. Il faut donc les éviter au maximum. Plusieurs auteurs parlent des obstacles à la communication. Pour ma part, je vous propose d'en résumer l'essentiel en m'inspirant principalement de Thomas Gordon[2]. Chaque obstacle sera illustré par deux exemples.

Argumenter, persuader par la logique

« Je ne vois pas pourquoi tu éprouves toujours des difficultés avec mon fils Étienne, c'est pourtant un enfant poli et bien élevé, et puis tout le monde dit qu'il est gentil. »

« Tu ne devrais pas être en colère contre mon ex-conjointe, car elle est très malheureuse, et elle n'a pas beaucoup de ressources. »

Avertir, menacer

« Je t'avertis, Marc, si tu continues à me parler de tout ce que ma fille fait ou ne fait pas, je ne crois pas que notre relation va durer bien longtemps. »

« Tu es prévenue, Sandrine, je ne tolère pas que ton fils prenne ma guitare. La prochaine fois, ça ne passera pas. »

---

2. T. GORDON. *Parents efficaces: une méthode de formation à des relations humaines sans perdant*, trad. J. Roy, et J. Lalanne, Paris, Éditions Le Jour, 1977, 445 p.

Complimenter, approuver

« Ben voyons, Jonathan, je ne comprends pas que tu sois gêné de rencontrer mon ex-conjoint, tu es tellement gentil. »

« Laurie, je ne vois pas pourquoi tu crains de garder mon fils, tu es tellement bonne et capable de le faire. »

Conseiller, donner des solutions

« Lorsque mon père te nargue, tu ne devrais pas te sentir mal, mais plutôt prendre une grande respiration et l'ignorer. »

« Tu ne devrais pas parler de ce que tu ressens aux enfants, tu devrais plutôt attendre qu'ils viennent te voir d'eux-mêmes. »

Dévier, blaguer, esquiver

Carole : « Je ne veux plus que tes enfants fouillent dans mes tiroirs. »

Alphonse : « Tu crois qu'il faudrait faire du rangement ? »

ou

« Tu as peur qu'ils découvrent des trésors cachés ? Ha ! Ha ! »

Humilier, ridiculiser

« Tu ne vas pas être jaloux, c'est immature et infantile. »

« Franchement, tu es ridicule de vouloir que ça se passe ainsi. »

Juger, critiquer, blâmer

« Tu es trop émotive et enfant gâtée lorsque tu tiens absolument à ce que tous nos enfants soient présents pour cet anniversaire. »

« Tu es égoïste et têtu quand tu me dis que tu veux aménager un endroit pour toi seul. »

Rassurer, consoler

« Tu ne devrais pas t'inquiéter de rencontrer mes copains, je suis certain qu'ils vont t'aimer. »

« Je ne vois pas pourquoi tu t'inquiètes de nos vacances familiales, tout va bien aller. »

Je vous invite à prendre conscience du fait que tous les moyens qui ont été exposés pour faciliter vos échanges sont aussi valables dans vos communications avec vos enfants, vos parents, vos amis, votre belle-famille et même votre ex-conjoint.

Éviter les comparaisons

Si vous allez dans un restaurant italien réputé tout en sachant très bien que l'administration a changé son chef cuisinier et que vous vous attendez à ce que les pâtes goûtent exactement la même chose, vous risquez d'être déçue. Qui plus est, votre idée préconçue vous empêchera d'apprécier et de découvrir de nouvelles saveurs. Il en va de même dans votre vie de couple. Non que je veuille comparer votre partenaire à un bon gros spaghetti sauce tomate et boulettes, mais plutôt attirer votre attention sur le changement. À moins d'être psychotique, vous avez bien remarqué que vous vivez maintenant avec un nouveau partenaire. Cette personne est forcément différente de votre ancienne flamme. Évitez toute comparaison. Pensez jusqu'à quel point un chef cuisinier peut être furieux lorsque vous le comparez à un autre (je l'ai appris à mes dépens en faisant cette maladresse). Évitez également de faire resurgir vos anciens griefs dans votre nouvelle relation. Les parties ont changé, les circonstances aussi, il vous faut faire de nouvelles ententes. Ainsi, vous aurez l'avantage de jeter les bases de votre famille recomposée. Cela ne vous empêchera pas d'être forte de vos expériences précédentes et de partager vos craintes, séquelles de certains écueils passés.

Savoir se sortir de l'impasse

Parfois, malgré la mise en application de bonnes techniques de communication, la mésentente persiste, la tension augmente et le conflit fait rage sans qu'on puisse l'éviter. Dans ces circonstances, voici quelques façons de désamorcer la bombe et d'éviter la catastrophe.

Reconnaître les jeux de pouvoir

Lorsque le conflit persiste, il y a forcément deux forces qui s'opposent l'une à l'autre. C'est comme deux boucs qui s'affrontent, tête contre tête, et qui poussent l'un contre l'autre dans des sens opposés. Dans ce contexte, s'ils sont d'égale force, aucun des deux ne fait un pas dans une direction ou une autre, c'est l'immobilisme total et ils perdent beaucoup d'énergie. Même si vous avez l'impression d'être victime de l'autre, vous contribuez forcément à cette dynamique relationnelle. Vous y contribuez en étant complice par votre silence, par vos messages à double sens (dire une chose alors que le non-verbal en suggère une autre) ou par vos pressions psychologiques. En fait, lorsque vous obtempérez contre votre gré ou lorsque vous vous opposez farouchement, c'est que vous avez un projet implicite à l'endroit de votre partenaire. Ces projets sont variés. Ils peuvent aller de «Je veux qu'il ne puisse plus se passer de moi» à «Je veux qu'il change ce comportement, cette façon de penser ou cette façon de voir les choses». Tant que vous ne découvrirez pas clairement le pourquoi de votre attitude et aussi longtemps que vous aurez de l'énergie, vous n'y renoncerez pas. Vous aurez alors peut-être l'impression, à court terme, de faire des gains lorsque vous aurez exercé une pression suffisamment forte pour faire bouger votre partenaire d'un pas. Mais, à moyen ou à long terme, cela mettra en péril votre relation ou vous exposera, faute d'énergie, à la maladie.

La dynamique des jeux de pouvoir est passionnante mais complexe. Il serait prétentieux et pernicieux de réduire ce propos à quelques mots. Par contre, je souhaite susciter suffisamment votre intérêt pour vous inviter à lire l'ouvrage de référence dans le domaine, *Relations et jeux de pouvoir*[3] de Jean-Jacques Crèvecœur, qui inspire mes propos et une partie de ceux tenus précédemment. Pour finir sur ce sujet, je me contenterai d'illustrer, par l'exemple qui suit, une dynamique de jeux de pouvoir qui pourrait s'exercer au sein d'un couple d'une famille recomposée.

Rémi éprouve beaucoup de problèmes relationnels avec son ex-conjointe Josée. Celle-ci est régulièrement irrespectueuse envers lui et modifie constamment les ententes établies concernant le temps de garde de leurs enfants. Cette mauvaise attitude affecte beaucoup sa nouvelle conjointe, Carole, qui devient furieuse contre lui chaque fois qu'il n'agit pas en imposant ses limites à Josée comme elle-même l'aurait fait. En somme, sa réaction émotive traduit une carence dans son besoin d'intimité avec Rémi (les enfants arrivent toujours à n'importe quel moment) et un manque dans son besoin de sécurité (les stratagèmes de Josée et la violence qu'elle exerce envers Rémi déstabilisent la famille, ce qui est perçu comme une menace). Rémi, quant à lui, se sent découragé, dévalorisé et frustré lorsque Carole est furieuse. Il ressent un manque dans son besoin de se sentir apprécié par sa conjointe et dans celui d'être aimé par ses enfants (peur sous-jacente beaucoup plus subtile, celle de perdre le lien avec ses enfants).

Voici le type de conversation que Carole et Rémi on tenu plusieurs fois à la suite d'un échange entre ce dernier et Josée.

---

3. J.-J. CRÈVECŒUR et A. THIRAN. *Relations et jeux de pouvoir*, Saint Julien-en-Genevois, Éditions Jouvence, 1999, 525 p.

Rémi : «J'ai parlé à Josée et elle m'a demandé de prendre les enfants vendredi soir. J'ai dit oui. Est-ce que ça te dérange ?»

Carole, placée devant le fait accompli, est contrariée : «Mais non, pas du tout, tu sais à quel point ça me fait toujours plaisir quand on a tes enfants à la dernière minute.»

Rémi, d'un ton un peu sec : «J'ai fait ce que je pouvais.»

Carole, répliquant d'un ton calme et avec un sourire sarcastique mais en prenant soin de démontrer qu'elle est furieuse : «Je suppose que tu l'as même remerciée de lui rendre service et que tu lui as fait un grand sourire avec ça.»

Rémi, en colère : «Tu n'es jamais contente peu importe ce que je dis ou fais à propos de Josée de toute façon.»

Carole, en criant : «C'est parce que tu es un vrai tapis et que tu ne parviens jamais à lui dire non !» Elle se retire, furieuse.

Remarquez bien à quel point l'un comme l'autre résistent et se campent dans leur position respective. Ici, c'est Carole qui exerce le jeu de pouvoir de la façon la plus manifeste, mais à sa manière, Rémi oppose tout autant de résistance. À la fin, c'est Carole qui va céder pour cette fois, non sans rancune. Comme le couple n'aura rien réglé, la partie sera remise plus tard et ils verront qui passera «Go» sans réclamer 200 $[4]. Bref, tant que l'un ou l'autre ne désamorcera pas le jeu de pouvoir et n'utilisera pas les principes d'une saine communication énumérés précédemment, la partie continuera sans faire de gagnants.

Dans cette situation, tous les indices d'un jeu de pouvoir sont présents. Premièrement, il y a un double message (par exemple : «[...] ça me fait toujours plaisir...», mais sur un ton contrarié).

---

4. En référence au jeu de société Monopoly.

Deuxièmement, tous deux contribuent au non-dit en évitant de mettre au jour les incongruités du dialogue. Troisièmement, chacun des protagonistes a un projet implicite envers l'autre. Carole a celui que Rémi change en s'affirmant davantage auprès de Josée, alors que Rémi a celui que Carole soit plus tolérante envers lui. Quatrièmement, cette façon d'interagir est manifestement inefficace pour résoudre les insatisfactions mutuelles. Cinquièmement, et ce n'est pas toujours le cas, cette dynamique se répète, donc elle persiste dans le temps. Sixièmement, notez bien que les jeux de pouvoir sont fréquents et ils sont en place parce qu'ils nous évitent d'être confrontées à certaines peurs (par exemple : pendant que Carole veut changer Rémi, elle évite d'être en contact avec sa peur d'être abandonnée). S'adonner à de tels «jeux» n'est pas la fin du monde ; c'est un apprentissage, même si parfois nous nous rendons compte que nous sommes lentes à comprendre. Enfin, sortir de ce cercle vicieux est libérateur car, de toute façon, plus vous évitez d'affronter vos plus grandes peurs, plus vous serez condamnée à les vivre !

Changer de point de mire

Puisque vous êtes aux commandes de votre propre navire, il serait suicidaire d'ignorer qu'une tempête fait rage et de dormir profondément dans la cale de votre embarcation. D'un autre côté, il ne serait pas plus approprié de rester sans arrêt sur le pont, en état d'alerte, à guetter ciel et terre, longtemps après que la tempête est passée. Dans ce contexte, votre point de mire n'est plus adapté à la réalité, car vous guettez des indices d'intempéries qui ne sont plus présents. Lorsque vous vivez une confrontation orageuse avec votre partenaire, vous ressentez tout l'inconfort que cela vous procure et vous l'associez à une série d'indices qui vous déplaisent chez lui. Si, après le différend, vous restez en mode «tempête», vous allez continuer à chercher les indices de ce qui ne vous plaît pas. Même si, pendant la tempête, votre partenaire a pu avoir des comportements arrogants et déplaisants, à d'autres moments, il peut également être généreux et réconfortant. Si, lorsqu'il fait soleil, vous continuez à sortir avec votre parapluie, il y a peu de chances que vous appréciiez ses rayons de chaleur réconfortants. Au risque de me répéter – je ne prétends pas ici vous donner un cours, mais dans mon métier, j'ai appris qu'enseigner c'est répéter –, lorsque la tension est plus élevée, il est facile de vous concentrer sur les aspects que vous percevez comme négatifs chez votre partenaire. Dans ce contexte, vous figez la personne à un moment précis dans l'espace et le temps. Comme tout est en changement et en mouvement perpétuel, cette perception devient rapidement désuète. Pendant que votre partenaire a pu être désagréable à un moment précis, il continue, en même temps, à avoir une partie de lui qui peut être généreuse (non démontrée pour l'instant). Il peut aussi, l'instant d'après, vous surprendre en manifestant des comportements de leadership insoupçonnés. En recherchant uniquement les détails qui vous déplaisent, vous allez ne trouver que ceux-là.

Afin de vous aider à profiter du beau temps en changeant de point de mire, je vous propose l'exercice suivant. Pensez aux aspects qui vous ont séduite chez votre partenaire. Pourquoi êtes-vous devenue amoureuse de lui ? Je sais que cet exercice peut sembler assez limité mais si vous y mettez un peu d'ardeur, vous serez surprise de constater à quel point cela peut vous mettre dans de bonnes dispositions. Si vous n'y parvenez pas et que vous continuez à accumuler les indices, continuez, pas à pas, persévérez, poursuivez votre enquête, suivez les traces et vous verrez qu'elles vous mèneront inévitablement... où ? Devinez... Avez-vous trouvé ? Bien sûr, à vous-même ! Vous le trouvez désorganisé, paresseux et cela vous énerve ? Peut-être est-ce votre propre besoin de contrôle ou votre incapacité à prendre du bon temps pour vous, ou encore votre propension à toujours vous occuper de l'autre que vous n'acceptez pas chez vous-même. Vous pensez qu'il dramatise tout? Observez votre capacité à voir les choses en face ou questionnez-vous sur votre propre propension à tout dramatiser (réflexe de projection inconscient). Vous le trouvez impulsif et colérique? Interrogez-vous sur votre capacité à vous affirmer ou sur votre capacité à accepter le conflit. Enfin, vous le percevez très timide? Demandez-vous si vous avez conscience de votre tendance à prendre trop de place.

Je pourrais continuer longtemps, mais l'important est d'accepter de vous remettre en question. Lorsque vous découvrez en vous des zones qui vous déplaisent, ne partez pas en croisade contre vous-même, vous ne feriez que déplacer le problème. Il faut plutôt accueillir vos faiblesses, les accepter en vous disant qu'elles vous ont probablement servi. Voyez les forces qu'elles vous procurent (il ne peut pas y avoir qu'un mauvais côté; par exemple, être timide a l'avantage de faire de vous une personne discrète). Capitalisez sur ces forces tout en vous autorisant à être différente. Car, en réalité, ce n'est pas tout votre être qui est timide, mais plutôt certains de vos comportements qui traduisent de la timidité, ce qui est bien différent. Alors, donnez-vous la permission, à l'occasion, de faire l'expérience d'avoir des comportements fanfarons (ou, du moins, l'inverse d'être timide pour vous).

Dans tous les cas, une nouvelle perception des faits vous permettra de constater que votre nouveau conjoint ne vous tape plus sur les nerfs et que les nuages gris se sont dissipés sous votre ciel ensoleillé.

Avant de terminer sur ce point, voici une autre façon de changer de regard. Lorsque je vous demande de vous souvenir des aspects qui vous ont séduite chez votre partenaire, considérez la chose suivante. Ce qui vous attire, en apparence, est un leurre (par exemple : « Il est beau, fin, propre ou drôle »). C'est en fait ce qui vous attire inconsciemment qui compte. Et votre inconscient ne se trompe pas : il fait un genre de lecture de l'inconscient de l'autre (je sais, c'est bizarre, mais continuez à lire, ce n'est pas si bête que ça), les deux inconscients s'analysent. Ils vont prendre un café ensemble, se jaugent et évaluent leur magnétisme. Tout ce que l'autre offre qui est susceptible de vous faire travailler sur vous-même est comme un aimant. Par exemple, sa façon d'être désinvolte vous permettra d'expérimenter un sentiment de légèreté qui, pour l'instant, vous est étranger. Donc, plus il vous offre d'occasions, par son tempérament et par ses façons de faire, de vous dépasser, plus vous êtes attirée par lui. Cela est également valable pour tout ce que l'entourage de cette même personne peut vous apporter (c'est peut-être son environnement, sa famille élargie ou ses enfants qui vous procureront des occasions de dépassement). Pas étonnant, dans un tel contexte, que tôt ou tard les défis se présentent à la porte. C'est pour ça qu'il ne faut pas avoir peur du conflit. Dans ce même ordre d'idées, je vous propose de lire le livre *Le cycle de rinçage* de Pierre Maurency[5], qui jette un regard différent sur les relations de couple, ce qui est fort intéressant.

Faire une trêve

Lorsque la tension monte, il est préférable de faire une trêve. J'ai déjà évoqué ma fâcheuse tendance, lors d'un malentendu, à pourchasser mon conjoint afin de tout régler tout de suite. Avec le temps, j'ai appris que ce n'est pas toujours gagnant d'agir de la sorte. En fait, ce n'est pas que je crois que le temps arrange les

---

5. P. MAURENCY. *Le cycle de rinçage*, Montréal, Éditions Transcontinental, 2006, 167 p.

choses, mais plutôt que la «compression» du temps (le fait de vouloir aller trop vite) peut les empirer et même créer d'autres problèmes là où il n'y en a pas. Lorsque vous avez exprimé votre point de vue de part et d'autre et que vous avez l'impression d'être dans une impasse, ne vous entêtez pas. Acceptez de prendre congé, de reporter. Faire le constat d'une situation et de l'effet qu'elle a sur vous est excellent. Une fois que c'est fait, mettez-le en veilleuse et passez à autre chose. Ce temps d'arrêt permet à votre cerveau de vous libérer de l'emprise de vos émotions et de mettre de l'énergie ailleurs. Cette dernière, mieux investie, permettra à votre cerveau d'être plus créatif dans la recherche de solutions. Ainsi, il pourra, à votre insu, chercher des pistes plus efficaces. Ce temps d'arrêt vous permettra également de dédramatiser et de relativiser les événements, de mieux comprendre votre rôle. C'est souvent dans cet intervalle salutaire que vous verrez apparaître des «Je m'excuse» de part et d'autre, que vous percevrez la situation sous un autre angle et, qui sait, que vous aurez droit à des petits «bécots».

Mettre de l'humour

Mettre de l'humour dans votre relation s'avère salutaire, plus particulièrement lorsque le temps est à l'orage. Il ne s'agit pas ici de l'obstacle à la communication qui consiste à dévier ou à blaguer, mais il est plutôt question de détendre l'atmosphère, de rire de la situation, de rire de soi. Comme disait mon grand-père : «Si on ne vaut pas une risette, on ne vaut pas grand-chose.» Soyez assez honnête pour voir le ridicule de certaines situations et laissez-vous aller à rire un bon coup. Évidemment, l'humour s'apprécie mieux au dessert, une fois que les choses ont été clarifiées. Ne soyez pas cynique et n'en profitez pas pour envoyer des doubles messages car vous risquez de rire seule.

***

À la base de toutes les familles, il y a un couple. Celui-ci doit vivre des défis et s'adapter à toutes sortes de situations. Le couple en famille recomposée n'est pas différent, à l'exception que les périodes d'adaptation doivent parfois se faire plus rapidement afin de faire face à des situations plus intenses. Je sais que les secousses qu'entraînent les défis se transforment à l'occasion en véritables tremblements de terre. Je sais également que cela peut provoquer des scissions qui font en sorte que les partenaires se retrouvent de chaque côté d'un trou béant. Dans ces moments, la seule option demeure de bien s'ancrer à soi-même sans redouter la rupture. Personnellement, c'est pendant les moments où j'étais le moins sûre de ma relation mais où j'étais prête à y renoncer (afin que tous soient plus heureux) que la situation a le plus évolué.

La réussite n'est pas une fin en soi, mais lorsqu'il y a du respect pour soi et pour les autres, les défis ne font que souder davantage le couple. Prenez l'exemple d'une famille qui doit composer avec une maladie grave chez l'enfant : la littérature démontre que peu de couples survivent à cette épreuve. Par contre, ceux qui ont surmonté cet événement témoignent du fait qu'ils se sentent plus proches et que cela les a renforcés. Les défis nous rendent plus forts comme individus, mais aussi comme couple et famille. Il ne s'agit pas du tout d'être mère Teresa, rien n'a de sens sans authenticité. Cependant, si vous êtes vraie, présente à vous, vous le serez aux autres. Vous pourrez alors fredonner, sur l'air d'une chanson populaire de Céline Dion :

«On s'est aimés à cause... à cause...
Mais aujourd'hui tant de choses ont changé
On s'est aimés à cause... à cause...

Et maintenant, il faut s'aimer malgré tout...»
(sous-entendu : les défis à relever)

Donc, n'hésitez pas à utiliser les outils d'une saine communication comme échelle de Richter et utilisez les derniers moyens proposés lorsque le séisme a lieu.

Chapitre 2

Les ex-conjoints : comment composer avec cette réalité ?

La vie en famille recomposée peut être largement complexifiée par des tensions entre ex-conjoints. Les conflits non résolus, les désaccords et les guerres intestines entre votre ex-partenaire et vous peuvent briser l'harmonie de votre famille actuelle de façon irréversible. Même s'il n'y a pas de mésentente, vous ne pouvez pas faire abstraction de votre ex-conjoint ou de l'ex-conjointe de votre partenaire. Donc, puisque c'est une incontournable réalité, aussi bien s'y attarder un peu, à plus forte raison s'il y a des tensions.

Comment réagir en fonction des circonstances ayant été à la base de la rupture avec votre ex-conjoint ?

Il y a fort à parier que les circonstances qui ont entouré votre séparation vont teinter l'ensemble des relations que vous allez entretenir avec votre ex-conjoint. Si celles-ci n'évoquent pas d'événements particulièrement douloureux, si la décision de rupture a été prise d'un commun accord et que les modalités de séparation ont été négociées dans une relative bonne entente, c'est tant mieux. Pour une raison ou pour une autre, beaucoup d'ex-conjoints parviennent à mieux réussir leur séparation que leur union. Sont-ils meilleurs que d'autres pour autant ? Il n'y a aucun jugement à porter sur ce point. Par contre, il est clair que leurs futurs échanges partent d'un meilleur pied, et c'est bien heureux ainsi.

Si ce n'est toutefois pas votre cas, et dans le contexte où vous avez eu des enfants ensemble, les émotions intenses vécues lors de votre séparation risquent d'avoir un impact douloureux sur les rencontres que vous devrez inévitablement avoir avec votre ex-partenaire. Les blessures émotionnelles peuvent bloquer toute tentative de communication tout en s'interposant tel un iceberg entre vous deux. Dans un pareil cas, vous aurez toujours un obstacle à franchir pour faire entendre votre point de vue. Si vous pensez que le temps atténuera les choses, il vous faudra plusieurs vies pour constater une amélioration. À moins de faire fondre cet iceberg, il restera là, bien en place, et il continuera à accumuler des couches de glace. Bientôt, vous ne pourrez même plus le franchir perdant ainsi tout contact avec ce qui se passe sur l'autre rive. Le temps n'arrange rien : un iceberg est un iceberg. Si vous le laissez dans un environnement glacial (climat relationnel), il sera toujours là pour vous faire couler à pic si vous niez son existence. Dans 300 millions d'années, si aucune condition climatique n'a changé, le «monstre blanc» sera toujours bien présent. Dans les circonstances, il vaut mieux tenter quelque chose que d'attendre.

Je vous propose des pistes de réflexion vous permettant de modifier le climat relationnel entre votre ex-conjoint et vous. Celles-ci vous sont offertes en fonction de votre position au moment de la rupture (personne qui laisse/personne qui est laissée). Par contre, il ne s'agit pas de camper les positions car, selon les circonstances, ce qui est valable pour l'un peut l'être pour l'autre.

Si vous êtes la personne qui a entamé la séparation

Si vous avez décidé de mettre fin à la relation, cette décision n'a certainement pas été facile à prendre. Vous avez ressenti une foule d'émotions dont probablement celle de la culpabilité. Il est important de prendre soin de vous. La seule personne sur laquelle vous avez de l'emprise est vous-même. Les actions les plus efficaces sont donc celles portées à votre endroit ; les autres seront nécessaires, mais le résultat ne vous appartiendra pas.

Gérer sa culpabilité

Que ce soit envers ses enfants, son ex-conjoint, son ex-belle-famille, son voisin, son chien ou son chat, éprouver de la culpabilité est fréquent. La première chose à faire est de la reconnaître. Oui, je sais que c'est une évidence, mais cela ne va pas de soi. Trop souvent, les émotions sont mal interprétées. À partir du moment où vous en êtes consciente, le travail peut commencer. Évitez de combattre cette émotion telle une ennemie. Lorsque certains événements vous mettent en contact avec votre culpabilité, prenez-en conscience sans jugement.

Cette culpabilité peut cacher d'autres émotions que vous évitez de ressentir comme la tristesse. Même si vous êtes l'instigatrice de votre rupture, cela ne vous empêche pas d'éprouver de la peine, de la colère, de l'indignation... Prenez-en effectivement conscience et permettez-vous de le vivre. Inversement, parfois, ce sont les autres émotions qui masquent la culpabilité. Ainsi, un sentiment de colère ou de frustration peut dissimuler une grande culpabilité... À vous de voir.

Lorsque vous êtes bien au fait de la prédominance de votre émotion de culpabilité, observez l'impact qu'elle a sur vous. Si cela vous procure un billet pour le pays de la dévalorisation, permettez-moi de vous proposer un changement de destination. Si vous avez l'impression d'avoir été trop égoïste et, surtout, si vous avez tendance à assumer seule l'éclatement de votre famille, prenez conscience d'un fait : une rupture, une séparation ou un divorce concernent toujours deux personnes. Alors, s'il vous plaît, cessez d'en assumer toute la responsabilité. De plus, vous n'êtes pas la seule responsable du bonheur des gens qui vous entourent, incluant celui de vos enfants. Prenez une grande respiration et relaxez d'autant plus que vous ne pouvez pas revenir en arrière, les événements ont eu lieu, et c'est ainsi. Pourquoi ne pas les accepter ? Qui vous dit que ce n'est pas la meilleure situation d'apprentissage que vous pouviez vivre ? N'oubliez pas que toute l'énergie que vous dépensez en culpabilité est de l'énergie que vous ne mettez pas ailleurs. Donc, prenez conscience de votre culpabilité, accueillez-la, remerciez-la et donnez-lui congé afin de bien choisir votre prochaine destination personnelle.

Par ailleurs, on pourrait observer une façon moins constructive d'occulter sa culpabilité. C'est celle de vous dire : « Ce n'est pas ma faute, je n'ai pas eu le choix, si l'autre n'avait pas... » De la même façon qu'il est erroné de penser que vous avez de l'emprise sur les choix de l'autre, il est tout aussi erroné de penser que l'autre a de l'emprise sur vous. Ce n'est pas l'autre qui ne vous donne pas le choix d'agir, mais plutôt vous qui optez pour ne pas vivre certaines choses en faisant un choix (comme faire le choix de le quitter). Aucun jugement de valeur n'est à porter sur ce choix ; cessez donc de vous demander s'il est bon ou mauvais, c'est un choix qui vous fait vivre une nouvelle expérience, et c'est tout.

Quoi qu'il en soit, il est important de vous attarder sur votre culpabilité, car elle est en mesure d'avoir un impact sur l'ensemble de vos relations. Si vous la gérez mal, elle peut vous amener à accepter des choses que vous n'accepteriez pas dans d'autres circonstances, provoquant ainsi des insatisfactions qui se répercuteront inévitablement dans votre vie.

Tendre la perche

Parfois, prendre la décision de quitter son partenaire vous procure une longueur d'avance sur lui. Peut-être étiez-vous plus avancée que lui dans votre processus de réflexion, peut-être cette décision était-elle mûrie de longue date. De toute façon, vous n'avez certainement pas eu l'impression de subir une situation que vous n'avez pas vue venir. Cela dit, probablement que l'annonce de votre décision vous a demandé beaucoup de courage. Vous n'avez alors peut-être eu qu'une seule envie, celle de partir le plus loin possible afin de fuir la tempête. Il n'y a aucun mal à cela. Toutefois, vous ne pouvez pas faire complètement abstraction des blessures que l'autre a subies. Si vous les ignorez, ce dernier fera probablement tout en son pouvoir pour vous les rappeler. Le fait de lui accorder votre écoute peut désamorcer des années d'amertume. Entendre et légitimer la souffrance de l'autre, c'est lui donner une merveilleuse occasion de s'en libérer. Même des années plus tard, cette action ne perd pas de sa valeur. Cela fait changement des actions en Bourse!

Même si vous avez bien des choses à opposer face à la souffrance de l'autre, contentez-vous de l'accueillir en toute bonne foi, sans argumenter, sans banaliser, sans consoler, en disant seulement: «Je comprends que cela a été difficile pour toi et que tu as beaucoup souffert.» Dans le même esprit d'ouverture et bien que vous ayez probablement une série de griefs contre votre ex-conjoint, vous pouvez également lui souligner, au passage, ses points forts. Par exemple: «Je sais que je t'ai souvent reproché d'être désorganisé avec les enfants, mais je reconnais que tu es un père à l'esprit créatif car ils ont beaucoup de plaisir lorsque tu fais des jeux avec eux.» Cela dit, il ne s'agit pas non plus de devenir la benne à déchets de l'autre. Si vous vous sentez ainsi, demandez-vous simplement si vous avez réellement reçu l'autre dans sa souffrance au moins une fois. Si la réponse est oui, n'acceptez pas d'être un déversoir à rancunes.

Finalement, si vous avez quelque chose à vous reprocher face à votre ex-conjoint, si ce n'est déjà fait, vous devriez au moins lui faire des excuses. Cela peut être très difficile et, encore une fois, il faut beaucoup de courage surtout lorsque c'est fait des années plus tard. Toutefois, sachez que vos excuses seront toujours appréciées. Même si l'autre semble s'en moquer, la démarche aura assurément son impact.

Ne pas laisser flotter l'ambivalence

Si votre ex-conjoint vous sollicite à la moindre occasion, que tous les sujets concernant vos enfants deviennent un prétexte de rencontre, que ces rencontres sont délibérément prolongées et que votre ex-conjoint fait tout pour attirer votre attention, il est encore visiblement amoureux de vous. Si tel est le cas ou, du moins, si vous avez des doutes, il est de votre devoir de clarifier la situation. N'hésitez pas à réitérer le fait que vous n'avez pas l'intention de reprendre la vie conjugale. Exprimez votre malaise et mettez des limites au besoin.

Si vous êtes la personne qui a été laissée

Si vous êtes la personne qui a été laissée par son ex-conjoint, peut-être avez-vous été profondément meurtrie par la situation. Peut-être êtes-vous restée amère et frustrée. D'une façon ou d'une autre, vous devez absolument soigner les blessures créées par votre rupture afin d'éviter qu'elles se cristallisent en vous. Évidemment, vous êtes la seule personne à pouvoir entreprendre un tel travail. Voici quelques pistes qui peuvent vous être utiles.

Reconnaître la blessure

Même si peu de gens le réalisent, la blessure psychologique se compare à une blessure physique. Il ne viendrait à l'idée de personne de courir un marathon avec une jambe brisée. La douleur est un signal qui vous obligerait rapidement à vous assoir pour prendre soin de votre jambe. Et comme pour toutes les blessures, la chose la plus importante à faire serait de vous accorder du repos. La douleur psychologique se manifeste par de multiples sentiments (tristesse, abattement et anxiété), par des malaises physiques (boule dans la gorge ou nœud dans l'estomac) ou par des manifestations concrètes comme le fait de pleurer ou de trembler. Dans de telles circonstances, peu de gens prennent le temps de traiter ces symptômes d'ordre psychologique comme ils le feraient pour des blessures physiques.

Vivre une séparation équivaut parfois à se faire passer un train sur le corps! Quand on est aux soins intensifs, on ne continue pas à travailler et à faire ses activités. Pourtant, les circonstances d'une rupture, d'autant plus si elles incluent des enfants, vous demandent beaucoup de réorganisation, de travail et de temps. À la différence des blessures physiques, les blessures psychologiques peuvent attendre et, croyez-moi, elles vous attendront! C'est souvent lorsque vous aurez pallié les urgences et que votre vie sera plus stable (particulièrement à l'étape de la vie en famille recomposée) que les douleurs que vous aviez momentanément laissées de côté ressurgiront. Enfin, peu importe à quel moment, vous devrez, tôt ou tard, prendre soin de vous comme vous le feriez avec une blessure physique: bisous, câlins, dodo, et pourquoi pas une bonne dose d'apitoiement («Oui, je fais pitié») et, surtout, la soupe poulet et nouilles! Donc, soignez-vous!

Sachez bien, si ce n'est déjà fait, que vous devrez traverser des phases de deuil comme le déni («Ce n'est pas vrai, il reviendra, il m'aime toujours»), le marchandage («Je te promets d'être une super amante si tu ne me quittes pas»), la colère («Va te faire foutre, salaud!») et le désespoir («Ma vie est finie»). C'est là que vous avez le plus besoin de prendre soin de vous pour enfin atteindre la dernière phase qui est celle de la résolution[6]. Notez que ces phases ne sont pas forcément successives. Selon les circonstances, vous pouvez alterner d'une à l'autre, ou encore stagner à l'une en particulier.

---

6. Phases du deuil, selon Elisabeth Kübler-Ross.

On soigne encore

Je vous propose ici un autre moyen de soigner vos blessures psychologiques ; il s'agit de choisir quelque chose qui vous demande un investissement de temps, de patience et d'amour. Cela pourrait être une plante dont vous prenez soin ou une toile que vous peignez avec passion. Puis, vous décidez que cet «objet» représente symboliquement votre souffrance. Vous allez alors en prendre soin comme vous devriez prendre soin de vous-même. Chaque fois que vous arroserez cette plante, lui parlerez, la nettoierez, ou chaque fois que vous peindrez cette toile, y mettrez du temps, de la patience et de l'amour, ce sera votre blessure que vous soignerez. Il n'y a aucun critère de temps mais un jour, contre toute attente, sans même vous en rendre compte, vous aurez abandonné cet objet symbolique, car il n'aura plus de raison d'exister. La douleur étant transformée en d'autres énergies plus constructives, le rappel symbolique disparaîtra par le fait même.

Surpasser son amertume

Plusieurs conservent une profonde amertume envers leur ex-conjoint. Si c'est votre cas et qu'un jour ce poids vient à vous peser, agissez ! Tant que vous avez l'impression d'avoir subi les événements, vous aurez probablement la sensation de continuer à les subir ou vous tenterez de vous soulager en vous déchargeant sur l'autre. Reprendre du pouvoir sur soi, ce n'est pas de vous interroger sur ce que votre ex-conjoint vous a fait endurer, mais bien sur le rôle que vous avez joué au moment des événements qui sont survenus. De plus, vous devrez vous questionner sur ce que ce poids vous fait vivre et pourquoi. Parfois, les émotions provoquées par la situation vécue avec votre ex-conjoint se rapportent à un état émotionnel que vous avez déjà ressenti antérieurement et qui n'a rien à voir avec lui. Si c'est le cas, déterminez-en la nature, établissez les personnes en cause et faites la paix avec celles-ci (de façon concrète ou symbolique, par l'intermédiaire d'une photo par exemple).

Parfois, maintenir sa haine envers son ex-conjoint est inconsciemment plus facile que de vous avouer un ressentiment ou une dévalorisation de soi envers une personne plus proche de vous. Par exemple, ces sentiments peuvent puiser leur source dans le comportement d'un père ou d'une mère qui, dans le passé, vous aurait profondément blessée. C'est en apparence plus facile parce que, théoriquement, vous êtes moins en relation avec cet ex-conjoint qu'avec ce parent, mais c'est infiniment plus pernicieux : non seulement vous ne réglez rien, mais vous aggravez également le malheureux phénomène à travers vos enfants.

Au fur et à mesure que vous aurez des prises de conscience, acceptez de vous percevoir comme ayant été bonasse, naïve, stupide, mesquine ou tout autre «caca/boudin qui pue». Soyez clémente envers vous, vous n'êtes pas parfaite et c'est bien heureux ainsi. Demandez-vous, par ailleurs, quelles forces vous en retirez et en quoi ces ombres peuvent vous être actuellement bénéfiques. Appréciez-les plutôt que de vous dévaloriser car tous les fumiers sont, après tout, une extraordinaire source de terreau fertile sur lequel poussent les fleurs. Et vous comprendrez que ces périodes révolues jouent en votre faveur dans la mesure où vos prises de conscience contribuent à consolider votre armature psychologique.

Revisiter les promesses machiavéliques

Lorsque vous êtes blessée, humiliée, frustrée, il est fréquent de vous faire quelques obscures promesses. Tel un Gargamelle[7] dans

---

7.   Référence au personnage hargneux dans l'univers des Schtroumpfs.

son laboratoire, vous concoctez la potion la plus virulente possible ou le guet-apens le plus sordide qui soit. Vous vous faites des promesses telles que : «Il n'aura jamais un sou de moi», «Il ne mettra jamais plus les pieds dans ma maison», «Je vais le mettre à l'écart de tout ce qui concerne les enfants», «Je n'irai jamais à sa nouvelle demeure» ou, pire encore, «Je ne lui adresserai plus jamais la parole», «Il ne reverra jamais plus ses enfants». Il est normal d'éprouver de violentes émotions qui appellent en vous une soif de vengeance. Cette soif peut engendrer, pendant un certain temps, de sombres scénarios. Lorsque la colère diminue, ceux-ci s'estompent jusqu'à devenir inopportuns.

Par contre, il est surprenant de constater que si certaines promesses «sataniques» tombent d'elles-mêmes, d'autres persistent parfois même à votre insu. Certains comportements ou certaines attitudes, en effet, peuvent être adoptés dès le début de la désunion et se cristalliser dans le temps de façon étonnante. Prenez la peine de vous demander quels pactes vous avez faits avec vous-même. Que vous-êtes vous juré à tout jamais dans votre anti-conte de fées ou votre anti-conte de superhéros? Revisitez vos promesses et demandez-vous si elles sont toujours pertinentes. Soyez honnête envers vous-même. Si vous tenez mordicus à certains rituels jurés dans les flammes de l'enfer, interrogez-vous. Cela vous indique que votre niveau de colère est toujours aussi vif, qu'il cache certainement une grande blessure et qu'il est grand temps d'en prendre soin tout en laissant tomber sa manifestation.

Laisser partir son ex-conjoint

Habituellement, lorsqu'une personne vous quitte, «M. l'Ego» en prend plein la figure. Il n'hésite pas alors à vous farcir le crâne à grands coups de pensées insensées, et la dévalorisation de soi devient ainsi votre pain quotidien. Pourtant, tout être humain est digne de respect. Votre valeur est inestimable et, comme vous le savez, elle ne se mesure ni en fonction des gens ni en fonction des choses. Bon, c'est facile à comprendre, mais ce n'est pas toujours facile à ressentir. Dans tous les cas, rien ni personne ne devrait vous faire éprouver un sentiment de dévalorisation. Si c'est le cas, explorez-en la cause, car ce n'est jamais l'autre qui vous dévalorise, mais bien vous-même qui appréhendez cette dévalorisation.

En définitive, il peut être tentant de laisser « M. l'Ego » vous faire croire que vous êtes une victime bien accomplie. Si tel est le cas, vous aurez tendance à laisser germer en vous des pensées du genre : « J'ai tout fait pour lui », « Personne ne pourra l'aimer autant que moi », « Je l'ai tellement aimé qu'il ne pouvait me faire ça ». Cette fois-ci, c'est l'impression d'injustice qui est votre pain quotidien. Si vous avez beaucoup aimé, c'est tout à votre honneur, mais si votre amour était réel, laissez partir votre ex-conjoint. Si vous l'avez véritablement aimé (je dis bien *véritablement* aimé), vous êtes encore capable d'avoir assez de générosité pour lui permettre de vivre sa vie sans vous. Laissez-le assumer pleinement ses choix. Le chemin qu'il a choisi n'est ni bon ni mauvais, il correspond simplement à son désir de vivre une expérience différente. Même si vous jugez que cette expérience n'équivaudra jamais à ce que vous lui offriez, sa décision ne vous appartient pas et elle est en soi effectivement, ni bonne ni mauvaise, elle est, et c'est tout. De toute façon, à ses yeux, c'est probablement le chemin le plus cohérent dans son histoire de vie.

Quant à vous, ressaisissez-vous et faites courageusement appel à votre noblesse de cœur pour lui permettre d'être heureux sans vous. N'est-ce pas le plus haut et le plus noble degré d'amour que d'agir ainsi ? Si cela est difficile, demandez-vous si votre affection était réelle et gratuite. Peut-être étiez-vous plutôt centrée sur vous-même, car votre amour n'existait que pour répondre à des besoins que vous pensiez ne pouvoir combler que par l'intermédiaire de cette personne.

Bien entendu, il vous faut être capable de vous aimer suffisamment vous-même. Et c'est d'ailleurs parce que vous vous aimez que vous permettez à l'autre de partir et que vous vous autorisez une nouvelle vie, à l'intérieur de la nouvelle union et de la nouvelle famille que vous formez. Si vous n'êtes pas capable de laisser partir votre ancien conjoint parce que vous perpétuez une haine reliée au fait qu'il vous a quittée malgré votre «amour», ce dernier sera symboliquement toujours couché entre votre nouveau partenaire et vous. Cela vous empêchera peut-être alors de faire véritablement l'amour avec ce partenaire qui est, lui, bel et bien présent.

Principes à respecter face à vos enfants en regard de votre ex-conjoint

Est-il nécessaire de rappeler à quel point il est important de respecter l'image de l'autre parent aux yeux de vos enfants ? Il est essentiel de préserver au maximum votre relation avec lui afin qu'elle soit le moins conflictuelle possible. Il est évident que vous n'êtes pas seule responsable de cette relation, mais vous y contribuez inévitablement. Plusieurs auteurs ont largement dénoncé les impacts négatifs, sur les enfants, des mésententes entres deux ex-conjoints. Ce n'est pas tant le divorce que les conflits qui en découlent qui sont extrêmement néfastes pour eux, surtout s'ils persistent dans le temps.

Le divorce peut donner de belles occasions d'apprentissage aux enfants. Ils peuvent apprendre à développer de la solidarité et de nouvelles stratégies d'adaptation, à faire des choix pour être heureux, à résoudre des conflits et à sortir grandis d'une épreuve. Par contre, lorsque les conflits entre les ex-conjoints perdurent, les apprentissages diffèrent. Les enfants apprennent alors la dissension, l'irrespect et la manipulation. Personne ne souhaite consciemment transmettre de tels comportements à des êtres aimés plus que quiconque. Alors, soyez vigilante, responsable et capable de vous observer comme modèle.

Nous savons que le phénomène de l'aliénation parentale entraîne des séquelles importantes chez les enfants : problèmes scolaires, troubles de comportement, troubles de consommation abusive d'alcool et de drogue, délinquance, etc. Le fait d'écarter, autant que faire se peut, les conflits avec votre ex-conjoint ne peut évidemment que contribuer grandement au succès de votre famille actuelle. Afin d'éviter d'empoisonner l'atmosphère et, surtout, que vos enfants soient victimes de vos comportements, voici six manières d'agir à bannir de votre vie.

Utiliser l'enfant comme pigeon-voyageur

Une des erreurs classiques commise entre deux ex-conjoints consiste à utiliser l'enfant comme messager. Cette attitude, au risque de vous choquer, résulte souvent d'un manque de courage de votre part relié à votre crainte de faire face à l'autre parent. Vous en profitez alors pour vous défiler devant votre responsabilité à communiquer les informations. Dans un tel contexte, il serait plus facile d'avoir un pigeon-voyageur, mais ils sont difficiles à dresser, notre climat est mal adapté à eux et, en définitive, ils risqueraient d'être étranglés par votre ex-conjoint si le message ne plaît pas. Il est donc tentant d'utiliser l'enfant comme messager, car lui ne risque pas de subir le même sort. Par contre, sa vie n'en est pas moins simplifiée.

Même s'il ne se fait pas techniquement tordre le cou, l'enfant peut tout de même se retrouver la gorge serrée (émotionnellement affecté) parce qu'il subit le mécontentement du parent récepteur ; par exemple : «Je savais qu'elle ferait ce choix qui me désavantage...» Il peut aussi être «cuisiné» : «Mais que voulait-elle dire par là ?» ou «Que voulait-elle insinuer en me donnant cette information ?». Sans compter que le message peut également être déformé ou ne pas se rendre du tout. L'enfant est alors placé dans une position insupportable : il est souvent témoin des insatisfactions que son message génère, il se retrouve à défendre par toutes sortes de moyens l'un de ses parents ou il se sent coupable d'avoir mal transmis ou négligé de faire un message important. Même lorsque les messages demandés semblent banals, ils imposent à l'enfant une responsabilité qui ne lui appartient pas, ce qui engendre du stress. C'est souvent lorsque la mésentente est profonde que l'enfant est utilisé pour de telles missions, et c'est particulièrement dans ce contexte que cela lui est le plus néfaste. Il faut donc avoir le courage de faire vos messages vous-même même si cela procure une dose de désagrément.

Lorsque c'est vous qui constatez que votre enfant sert de messager, n'hésitez pas à lui dire qu'il n'a pas à tenir ce rôle et que même si la communication entre papa et maman n'est pas toujours facile, ils vont trouver une solution. Autant que possible, ne manifestez pas votre agacement. Informez ensuite l'autre parent de votre désir qu'il s'adresse directement à vous la prochaine fois. N'hésitez pas à lui proposer des solutions afin de diminuer les irritants reliés aux échanges difficiles. Proposez, par exemple, d'utiliser un journal de communication ou la messagerie par courriel.

À partir de l'adolescence, toutefois, il peut être plus simple pour l'un comme pour l'autre parent de communiquer directement avec leur enfant qui devient, de toute façon, partie prenante des décisions, car il est en âge de faire ses choix. Votre responsabilité ne disparaît pas pour autant, mais vos rapports relationnels changent car c'est à l'enfant que vous transmettrez des messages qui concernent les communications. Il aura alors l'occasion de s'affirmer et, le cas échéant, de prendre ses propres décisions et d'assumer ses choix. Par exemple, un adolescent peut décider de ne pas fêter Noël chez l'un ou l'autre de ses parents malgré les ententes établies dans le passé. C'est alors lui qui aura la responsabilité d'en informer le parent concerné, car c'est sa propre décision.

Utiliser l'enfant comme agent double

Si vous êtes curieuse d'obtenir certaines informations concernant votre ex-conjoint, évitez de questionner votre enfant et adressez-vous plutôt directement à lui. Malheureusement, certains parents utilisent l'enfant comme «agent double». Dès leur retour d'un week-end, par exemple, il doit faire un compte rendu complet de son séjour en plus d'être soumis à un interrogatoire. Si vous pensez que j'exagère, vous pourriez être surprise. De toute façon, vous conviendrez que cette façon de faire est pernicieuse. Dans un tel cas, l'enfant est mis sous pression sans compter qu'il a l'impression de trahir l'intimité de l'autre parent. Si, en plus, vous l'avez convaincu que votre enquête est légitime, interrogez-vous.

Je ne prétends pas qu'il faille être indifférente à ce qui se passe dans la vie de votre enfant lorsqu'il séjourne chez son autre parent. Surtout si vous avez l'impression qu'il est perturbé, vous devez lui faire part de vos inquiétudes, tout en lui demandant ce qui ne va pas. De toute façon, il est toujours bien d'engager la conversation avec votre enfant parce que vous vous intéressez à lui et à son vécu, peu importe où il se trouvait. Rappelez-vous que, en général, l'enfant est enclin à partager ses anecdotes. Cela est bien différent du fait de le questionner sur des points précis et sans intérêt pour lui afin d'assouvir votre propre curiosité.

Dénigrer l'autre parent

Il est très facile de dénigrer l'autre parent devant votre enfant, mais c'est à tous les coups une grave erreur de jugement. Tout comme vous ne pourriez nier l'amour incommensurable et inconditionnel que vous éprouvez pour chacun de vos enfants, même si vous reconnaissez leurs différences et les défis que chacun d'eux représente, ceux-ci aiment profondément et équitablement leurs deux parents et ils ne peuvent nier cet élan naturel. Considérant que les parents sont perçus comme des modèles, il devient inapproprié de ternir une image parentale indispensable à leur développement. L'enfant aura bien assez de temps pour découvrir les travers d'un de ses parents. Ce constat, venant alors de lui, sera plus efficace pour ensuite lui permettre de se dissocier de ces travers. Le prendre à témoin pour dire «Regarde ce qu'il m'a encore fait» est évidemment déconseillé.

De toute façon, si vous insistez pour faire voir le côté obscur de la force chez votre ex-conjoint, il est fort à parier que l'enfant ira dans le sens inverse. C'est le principe universel de «tout ce qui résiste persiste»; donc, plus vous vous efforcerez de faire ressortir un aspect sombre de votre ex-partenaire, plus l'enfant compensera en s'efforçant de lui trouver un côté lumineux. Il le fera alors en ne manquant pas d'être indigné par votre jugement de valeur, ce qui peut provoquer une certaine amertume à votre endroit. Il est impressionnant de voir combien l'enfant peut s'efforcer de protéger un parent apparemment indigne aux yeux de l'autre par loyauté envers lui. N'oubliez pas non plus qu'il est le mieux placé pour comprendre ce parent qui lui a légué, dans la fraction de seconde de création de tout son être, la moitié de son code génétique. Grâce à cet héritage, l'enfant est souvent à même de bien saisir certains comportements et certaines attitudes exercés par ce parent.

Donc, dénigrer un parent n'est jamais payant car c'est comme si, par analogie, vous mettiez de l'argent dans le compte en banque d'amour que l'enfant conserve pour ce parent au détriment du vôtre (il s'efforce à aimer davantage ce parent tout en étant déçu de votre attitude). Par contre, comme l'enfant ne peut jamais mettre à sec un de ses comptes d'amour parental, lorsque le déséquilibre financier devient dangereux, celui-ci peut fermer un des comptes afin d'éviter la faillite totale. Il se liera alors au parent qui a le plus de chances, à court terme, d'assurer sa survie. En clair, un enfant peut finir par acheter toutes vos récriminations au point d'en venir à nier complètement l'autre parent. Il comprend alors qu'il est préférable d'investir émotionnellement avec un seul parent afin de maintenir son équilibre. Cette situation est la plus dramatique de toutes, car vous privez votre enfant non seulement de son propre jugement et de la moitié de son histoire, mais surtout de la moitié de lui-même. L'enfant pourra peut-être, de lui-même, plus tard, briser cette polarité afin de retrouver une certaine harmonie, mais s'il n'y parvient pas, il s'exposera à un grand déséquilibre.

Rare est le parent dangereux au point qu'il faille protéger votre enfant de séquelles physiques ou psychologiques graves. Si cela se produisait, abstenez-vous de jugement et énumérez les faits tout en faisant les démarches nécessaires en fonction du cas. Si, plus tard, votre enfant juge de lui-même certains faits ou constate son inconfort à être en lien avec ce parent, ce sera son choix, exempt de votre influence, de maintenir cette relation ou pas. Dans ce cas, la démarche est totalement différente car elle devient personnelle à l'enfant. Si c'est lui qui fait les boucles de ses ficelles, c'est lui qui pourra savoir plus facilement comment défaire, le cas échéant, les nœuds. Il pourra alors, par exemple, le temps venu, faire un processus de pardon face à ce qu'il aura perçu comme de l'incompétence parentale.

Toutefois, il n'est pas ici question d'être plus catholique que le pape en forçant l'enfant à aimer son autre parent parce que c'est mieux ainsi, tout en l'obligeant à le voir malgré de nombreuses oppositions de sa part. Il est plutôt question de faire votre examen de conscience. Interrogez-vous à temps sur toutes les formes de dénigrement que vous pouvez faire à l'endroit de l'autre : que ce soit de façon subtile ou claire, par des moqueries, par du persiflage, voire par de la médisance ou par de la calomnie. C'est dans une telle atmosphère que vos agissements pourront être néfastes à court ou à moyen terme. Même s'il est, plus souvent qu'autrement, difficile de dissimuler (l'enfant sent tout) les émotions vives provoquées par des conflits entre ex-conjoints, l'enfant apprécie votre discrétion et il apprend, à travers elle, le respect.

Tout bien considéré, comme nul n'est parfait, si vous constatez que vous avez eu un écart de comportement, il est inutile de culpabiliser indéfiniment. Ayez plutôt la ferme intention de vous excuser au moment opportun (par exemple : «Je n'ai pas à dire telle chose de ton père, je suis désolée»). Cette fois, c'est le pardon que votre enfant apprendra, en plus du fait qu'il est possible de faire des erreurs et de les reconnaître pour passer à autre chose. Enfin, il est toujours important et instructif pour l'enfant que vous soyez authentique. Ne dites pas que vous adorez l'autre parent si ce n'est pas le cas. Soyez honnête et dites simplement :

«En ce moment, j'éprouve des difficultés relationnelles qui ne te concernent pas avec ton papa, mais cela ne t'empêche pas, toi, de l'aimer très fort.»

Utiliser le terme «ex»

Il est à noter que l'expression populaire «ex» servant à désigner votre ancien partenaire est chargée, aux yeux de votre enfant, de connotation négative. Cette expression, peu élégante, évoque automatiquement la rupture, le passé remisé, bref, la vieille chaussette sale qu'on préférerait oublier au fond du placard. Elle est également extrêmement réductrice, deux lettres, une syllabe, comme si cela confortait votre intention de lui accorder peu de place. Pourtant, cette personne est bien présente pour vos enfants, que vous le vouliez ou non. Qui plus est, celui-ci aime ce parent. Pourquoi alors ne pas utiliser son nom?

Si vous ne parvenez pas à le faire sans que cela vous arrache la bouche, c'est signe qu'il y a trop de squelettes dans le placard et qu'il est temps de faire votre ménage. Il est possible que votre niveau de ressentiment ait atteint un point vous incitant à dépouiller cette personne de son propre nom. Plusieurs en arrivent à n'utiliser que des termes comme «chose» ou «ex» ou des pronoms comme «il» ou «elle» pour y faire référence. Dans ce cas, il va vous falloir une bonne dose d'eau de Javel pour décrasser la haine qui vous colle peut-être à la peau. Toutefois, vous êtes sur la bonne voie, car vous réalisez qu'il y a présence de saleté. Je vous invite alors à lire la rubrique «Quand le ressentiment prend le dessus» (voir à la page 72). Sinon, il sera facile pour vous d'éliminer cette expression de votre vocabulaire en désignant le père ou la mère des enfants par leur nom. Nommer votre ex-partenaire par son prénom véritable, c'est lui reconnaître une identité, l'humaniser aux yeux de l'enfant.

Tomber dans le piège du jugement rapide

Lorsque la situation est plus ou moins tendue entre votre ex-conjoint et vous, il est très facile de porter rapidement des jugements à partir de propos anecdotiques émis par l'enfant. Vous risquez de relever tous les indices qui vous permettront de conclure que l'autre est de mauvaise foi. La plupart de ceux-ci vous seront servis sur un plateau d'argent. L'enfant peut même, pensant en retirer des bénéfices secondaires, faire monter les enchères. Dans ce cas, vous êtes quitte pour une bonne manipulation qui, à long terme, ne jouera en la faveur de personne. Que ce soit volontaire ou non, l'enfant véhiculera de l'information du genre : «Papa a repris le devoir de maths que nous avions fait», «Maman a dit que je suis souvent malade», «Papa a donné ses instructions à l'enseignante», «Maman a repassé la robe que tu m'as achetée». Votre réaction pourrait être la suivante : «Il n'a pas confiance en mes compétences pour faire un devoir de maths», «Elle pense que c'est moi qui rends les enfants malades pendant le week-end parce que je ne les couvre pas suffisamment», «Il pense que je fais des oublis quand je donne des instructions à l'enseignante», «Elle trouve que je suis négligent parce que je lui laisse porter une robe un peu froissée».

Toutefois, la réalité est peut-être la suivante : «Papa a repris le devoir de maths, car j'avais omis de dire qu'il fallait que j'écrive les calculs et pas seulement les réponses», «Maman a remarqué, sans arrière-pensée, que j'étais plus malade dernièrement comme ce dernier lundi», «Papa a donné des instructions à l'enseignante par rapport à un événement vécu chez lui dans les dernières heures», «Maman a trouvé la robe très jolie, c'est pourquoi elle a voulu la repasser pour la mettre plus en valeur». La façon la plus efficace d'estomper ses doutes, c'est d'en parler avec la personne concernée. Si, par contre, vous ne le voulez pas ou vous ne le pouvez pas, laissez au moins le bénéfice du doute à l'autre parent. Une fois sur deux, vous aurez probablement raison de le faire. Pour ce qui est de l'autre moitié, qu'est-ce qu'on peut y changer!?

Exclure de l'équation la conjointe de l'autre parent

Il n'est pas toujours facile de voir votre enfant fraterniser et bâtir des liens significatifs avec la conjointe de votre ex-partenaire. Il peut être tentant d'exclure cette personne en niant systématiquement sa présence. L'argument rationnel de taille dans de telles circonstances est de vous dire: «Elle n'est pas parent de mon enfant, nul besoin d'en tenir compte.» Même si vous tentez de l'ignorer, elle s'ajoute à la vie de votre enfant, vous n'aurez pas le choix, vous devrez tôt ou tard l'accepter: cette personne exerce une influence dans la vie de celui-ci. Plus vite vous l'accepterez, plus cela sera bénéfique pour tout le monde. N'oubliez pas que tout rapprochement de votre part auprès de cette personne permettra à votre enfant de se sentir plus à l'aise dans son «autre» famille. Il n'est pas question, nécessairement, d'en faire votre *best friend* et d'aller prendre le café ensemble tous les samedis. Toutefois, les formules de politesse de base s'imposent. Une relation correcte basée sur le respect et imprégnée de civilité détendra l'atmosphère.

De plus, connaître un peu une personne avec qui votre enfant passe une partie de son temps est un atout. Cela ne vous empêchera pas, selon le cas, d'éprouver un pincement au cœur en entendant: «Manon m'a montré comment faire de la tarte au citron» ou «Pierre m'a acheté ma première paire de patins», mais, en définitive, n'est-ce pas avantageux pour votre enfant? Cela lui donne plus d'occasions d'apprendre et le met en contact avec plus de façons de faire différentes. Votre enfant aura peut-être une plus grande ouverture d'esprit et une plus grande culture. Si vous avez de la difficulté avec cette tierce personne, demandez-vous quelle place vous accordez à votre propre conjoint dans la vie de votre enfant, cela peut parfois être révélateur. Si, au contraire, c'est votre ex-partenaire qui ignore la nouvelle personne avec qui vous partagez votre vie, il serait déplacé de lui servir la même médecine, car vous mettriez l'accent sur ce que vous ne voulez pas.

Si, toutefois, votre enfant vous confie que la nouvelle flamme de papa fait des choses qui s'avèrent franchement inacceptables, il est de votre devoir de le protéger et d'en parler avec votre ex-conjoint, même si vous êtes quitte pour une bonne engueulade, même si cela vous gêne beaucoup, même si ce n'est pas facile. Respirez par le nez, restez calme et rapportez les propos exacts de l'enfant; par exemple : «Mélanie m'a dit que Corine l'avait amenée dans un bar pour son 14e anniversaire, étais-tu au courant?» ou, selon le cas, «Jonathan m'a dit que Marc lui avait permis de faire le voyage sans boucler sa ceinture, est-ce possible?». Après avoir posé ces questions, en plus d'avoir pris vos responsabilités, vous serez peut-être surprise d'entendre une seconde version des faits.

Bref, vous serez gagnante si vous faites preuve d'ouverture. Après tout, cette personne peut devenir une alliée intéressante. Parce que, de toute façon, comme le dit un proverbe africain que j'aime beaucoup : «Ça prend un village pour élever un enfant.»

En somme, vous ne pouvez pas bâtir des bases solides pour votre famille recomposée si vous ne contribuez pas à établir des relations saines entre les deux foyers. À coup sûr, tout ce qui gravite autour de votre enfant aura un impact direct sur votre noyau familial. Et, de toute façon, les enfants sont de véritables éponges, ils apprennent non pas en écoutant ce que vous leur dites, mais bien en observant ce que vous faites. À ce compte-là, aussi bien donner le bon exemple.

Que faire lorsque la communication est rompue avec l'ex-conjoint et que le conflit fait rage ?

Parfois, malgré toute la bonne volonté du monde, la communication avec votre ex-conjoint est rompue. Soit cette communication est systématiquement tyrannique, blessante et non fructueuse, soit elle est totalement ou presque totalement absente. Cette situation est certainement très difficile à vivre. En fait, ce cul-de-sac peut carrément devenir un véritable calvaire. De plus, cela s'avère très souvent tabou. Une fois les premiers remous de la séparation atténués, votre entourage aura tôt fait d'être saturé de vos histoires de crêpage de chignons. Devant la persistance des conflits, plusieurs vous regarderont de façon suspicieuse, s'interrogeant sur la façon dont vous y contribuez. Vous serez alors seule assise sur des braises ardentes sans la moindre occasion de vous plaindre de vos brûlures. Cette situation peut alors occasionner une réelle détresse psychologique et mettre en péril votre vie en famille recomposée. Si c'est votre cas, je compatis beaucoup avec vous. Toutefois, comme il faudra plus que de la compassion pour vous en sortir, voici quelques éléments de réflexion.

Revoir son rôle

Lorsque la communication est rompue, il est important de voir en quoi vous y avez contribué. Eh oui, il n'y a pas de chaud sans froid, de nuit sans jour, de pluie sans soleil... Ce que je veux surtout dire, c'est qu'il n'y a pas de bourreau sans victime. Il est essentiel de vous attarder à comprendre en quoi vous participez à cette dynamique malsaine. Peut-être faites-vous preuve de manque de respect, peut-être exercez-vous une forme ou une autre de violence. Parfois, la réponse est évidente, mais souvent les formes de violence peuvent être très subtiles. Pour en prendre conscience, je vous invite à lire attentivement la rubrique «Se questionner sur les formes de violence et d'irrespect» (voir à la page 77). Il est souvent plus facile de voir les grossièretés de l'autre plutôt que des facettes de vous-même qui risqueraient de vous répugner et de vous saper le moral.

Si votre examen de conscience vous révèle des aspects de vous qui vous déplaisent, vous avez tout mon respect d'en avoir pris conscience. Cela fait, vous ne pouvez que transformer ces aspects en quelque chose de plus positif. Après tout, «rien ne se crée, rien ne se perd, tout se transforme». Et si vous n'aviez pas à transformer quoi que ce soit en vous, vous seriez un extraterrestre. Il vaut donc mieux le savoir; ainsi, le travail sur vous-même tardera moins.

Relier le tout à sa vie

La situation conflictuelle que vous vivez fait probablement naître en vous de vives émotions. Peut-être s'agit-il de colère, d'injustice, d'indignation, de dévalorisation, d'infantilisation, de trahison... La liste est longue. Prenez le temps d'observer la dynamique que vous vivez avec votre ex-conjoint comme s'il s'agissait d'un film. Ayez un peu de recul et demandez-vous ce que cela vous fait ressentir exactement. Soyez bien précise et attentive à l'émotion qui est à la base de votre souffrance. Demandez-vous ensuite à quel autre moment vous avez déjà ressenti une pareille émotion dans votre vie. Est-ce lorsque votre professeur vous traitait comme une mauviette et que vous vous sentiez comme une moins que rien? Est-ce lorsque votre mère n'a pas su écouter votre besoin vital du moment et que cela vous a mis dans une colère folle? À vous de voir. Une fois que vous aurez mis le doigt sur un événement, continuez à vous interroger afin de trouver des situations supplémentaires. Souvent, les événements les plus traumatiques sont ceux auxquels vous n'avez pas spontanément accès, car ils sont refoulés dans votre inconscient.

Lorsque vous vous posez ces questions, soyez attentive car, dans les jours qui suivent, certains souvenirs reviendront à votre esprit ou des rêves surgiront. Une fois que vous aurez trouvé un ou des événements précis, vous aurez peut-être été importunée par quelques souvenirs désagréables mais, tenez bon, le pire s'en vient! Maintenant, il vous faudra être créative pour faire la paix avec le ou les événements et les personnes concernés. Tous les moyens sont bons, soyez inventive. Faites ce que vous voulez, mais organisez-vous pour y penser et passer à l'action jusqu'à ce que vous soyez en harmonie avec ce que vous aurez débusqué. Il y a fort à parier que le fait de régler le tout aura comme impact de changer complètement la dynamique avec votre ex-conjoint. Votre disposition sera complètement différente parce que vous ne réagirez plus du tout de la même façon, ce qui ne manquera pas d'imposer un rythme différent à la relation. Ce jeu de «poupées russes psychologiques» peut vous éviter de revivre en boucle un vieux film dans lequel votre ex-conjoint joue le premier rôle. Alors, pourquoi ne pas essayer, mais n'oubliez pas que le but n'est pas juste de prendre conscience mais bien de solutionner!

S'aimer suffisamment

Examen de conscience ou pas, dans tous les cas, il y a des situations qui dégénèrent franchement. Si votre ancien partenaire hurle lors de vos rencontres, au téléphone ou à chaque occasion, s'il vous traite de tous les noms, s'il vous insulte systématiquement, s'il vous menace, s'il fait du chantage et vous manipule carrément, qui plus est, devant les enfants, il y a une limite à tout. Ce que j'évoque peut sembler extrême, mais il est étonnant de constater à quel point ce phénomène n'est pas si rare qu'on le croit. Il n'est pas non plus le panache d'un sexe en particulier. Il est tout aussi étonnant de constater à quel point ce phénomène perdure dans le temps. Si c'est votre cas, réagissez. Trop souvent, le parent victime de harcèlement endure la situation par peur ou par culpabilité. Ses réflexions intérieures sont, par exemple : « Si je mets mes limites, il va se venger sur les enfants ou il va me retirer la garde » ou « C'est ma faute, si je ne l'avais pas quitté ou si je ne l'avais pas trompé... ».

Aucune raison n'est valable pour accepter un manque de respect à votre endroit. Le sens de l'expérience que vous vivez est peut-être, justement, d'apprendre à ne plus avoir peur, à ne plus vous sentir coupable et, surtout, à mettre vos limites. Peut-être que, dans les circonstances, cela peut impliquer, par exemple, de renoncer à la garde partagée, à surprotéger vos enfants, etc. Assurément, cela ne se fait pas sans douleur. Dans les cas extrêmes, sachez que dans la plupart des pays les lois protègent les enfants qui seraient en danger avec l'un des parents, ou encore défendent les parents afin qu'ils puissent obtenir un droit minimal de garde. Si les raisons telles que « C'est ma faute » ou « Je n'aurais pas dû... » continuent de vous hanter, c'est peut-être qu'elles vous servent davantage de motifs à ne pas affronter vos peurs que de raisons véritables.

En fait, l'enjeu réel dans tout cela n'est pas vous-même, mais plutôt l'exemple que vous donnez à vos enfants. Ceux-ci apprendront qu'il est normal, pour une raison ou pour une autre, de se faire traiter comme un tapis sur lequel on s'essuie les pieds. Ils apprendront à ne pas s'aimer suffisamment pour prendre soin d'eux. Pire encore, le peu de respect qu'ils auront pour vous les incitera peut-être à adopter une attitude de bourreau pour ne pas vous ressembler. Dans tous les cas, le modelage est malsain. Apprenez donc à vous aimer suffisamment pour vous respecter. Et si vous avez de sérieux motifs d'être inquiet, vous vous devez de porter une plainte à la police ou à la Protection des droits de la jeunesse.

Lâcher prise

Le fait de vous séparer n'était certainement pas le scénario rêvé, mais le fait de vivre une situation conflictuelle par la suite devient certainement un scénario de série B. Il faut l'avouer, c'est moche, bête et frustrant. Toutefois, c'est comme ça : tout le monde a sa petite collection de choses moches et bêtes. Aussi bien l'accepter, les faits ne sont pas idéaux, et c'est ainsi. Cela exige de votre part de faire des deuils supplémentaires (celui de l'échec des relations convenables avec votre ex-conjoint, celui de ne pas avoir obtenu satisfaction concernant la garde de vos enfants, celui de ne pas voir vos enfants à un moment qui vous tenait à cœur, etc.).

Dans de telles circonstances, afin d'atténuer les souffrances, il faut savoir lâcher prise. Lâcher prise, c'est aussi lâcher le morceau : sur le fait que les enfants n'ont pas lavé leurs cheveux pendant quatre jours chez l'autre parent, sur les vêtements qu'ils portent et que vous n'aimez pas, sur l'activité à laquelle vous teniez, bref, lâcher le morceau. Ce n'est pas céder sur tout, mais simplement ne pas s'acharner sur des points qui perpétueront d'éternels différends, lesquels seront bien plus nuisibles qu'une visite de plus ou de moins pour l'enfant. En fait, chaque fois que vous concéderez quelque chose, vous risquez bien plus d'être avantagée que perdante, car donner c'est recevoir. En plus, il vaut mieux mettre vos énergies sur des choses sur lesquelles vous avez de l'emprise, comme le fait de réinventer une fête manquée ou de redéfinir vos routines. Cela vous évitera de perdre votre énergie en résistances inutiles. C'est toute votre nouvelle famille qui en bénéficiera.

Maintenir le contact différemment

Lorsque la communication est rompue avec votre ex-conjoint, optez pour d'autres sources d'informations afin d'être au courant du sort de vos enfants. Faites-le particulièrement si ces derniers sont jeunes et si vous n'avez pas leur garde complète. Devant une impossibilité d'obtenir des renseignements essentiels concernant votre progéniture, ne baissez surtout pas les bras. Assurez-vous d'entrer en contact avec l'école ou la garderie à chaque début d'année afin d'être certaine qu'ils aient toutes vos coordonnées pour vous faire part des rencontres et pour vous faire suivre le courrier. Exigez un double de toutes les communications, car le fait d'avoir une garde partielle, par exemple, n'enlève rien au droit à l'information d'un parent. Faites la même chose avec le bureau du médecin, au risque d'expliquer, en évitant les condamnations, le manque de collaboration entre l'autre parent et vous. Utilisez également les personnes qui sont en contact avec vos enfants et avec qui vous avez gardé un bon lien comme une ancienne gardienne, un des grands-parents, un oncle, une tante ou encore un ami. Demandez-leur de vous informer s'ils sont témoins de quelque chose d'anormal. Toutes ces sources de renseignements deviendront alors très précieuses pour vous.

Malheureusement, ce sont souvent les pères qui sont dans de telles situations. Ils doivent redoubler d'efforts pour obtenir droit au chapitre, car les différents intervenants de la santé ou de l'éducation ont naturellement tendance à s'adresser à la mère qui fait figure de parent psychologique ou de parent premier au détriment du père. Cette situation frustrante tend tout de même à évoluer; plus les pères revendiqueront leur droit à l'information, plus les mœurs changeront et plus les premiers concernés – les enfants – en bénéficieront.

Quand le ressentiment prend le dessus

À moins d'être un moine tibétain, il est parfois difficile de ne pas éprouver de ressentiment lorsque les différends s'accumulent entre votre ex-conjoint et vous. Ces tensions peuvent vous faire atteindre un niveau de stress et de frustration extrêmement malsain. Les outils ou les exercices suivants pourront venir à votre secours.

Temps limite

Lorsque les tensions sont élevées avec votre ex-conjoint, le palmarès des pires vacheries s'allonge et les descriptions détaillées pour chacune d'elles s'accumulent. On en parle (ça oui!), on maugrée, on sacre et... on recommence. Dans ce contexte, la personne susceptible de recevoir vos confidences est souvent proche de vous, en l'occurrence votre nouveau partenaire. Il est normal d'avoir besoin d'exprimer ses frustrations afin de se libérer d'une tension interne qui devient insupportable. Le problème est de trouver l'équilibre entre l'expression d'une émotion difficile et la rumination. L'une est bénéfique parce qu'elle permet un soulagement, tandis que l'autre a pour effet, à force de vous rouler dedans, d'augmenter la tension. Je vous propose donc une marche à suivre intéressante.

Observez le phénomène qui s'opère en vous et acceptez de vivre les émotions qui vont du simple agacement à la furie la plus totale. Il ne sert à rien de culpabiliser ou de combattre ces émotions, pensez-y, cherchez bien, oui, oui, vous l'avez trouvé; tout ce qui résiste persiste! Donc, permettez-vous de vivre à fond ces émotions et parlez-en avec votre conjoint actuel car celui-ci, souvent témoin de ces altercations, sera probablement affecté. Par contre, faites une entente avec ce dernier. Chaque fois que vous discuterez ensemble de votre ex-partenaire, vous accepterez de le faire en vous fixant un temps limite. Vous ventilez un bon coup, vous expliquez que vous avez fait telle ou telle chose; il vous donne son point de vue, vous fait part de ses réactions et vous passez à un autre sujet.

Cela peut sembler banal, mais croyez-moi, lorsque les choses se corsent, cela a automatiquement des répercussions sur votre nouvelle famille et, si vous ne savez pas vous arrêter, les discussions fusent jusqu'à prendre une place démesurée. Sans vous en rendre compte, vous pouvez consacrer plus de temps à parler de ce qui ne va pas avec votre ex-conjoint que de temps à parler de votre famille actuelle. L'aspect pervers et parfois révélateur de tout cela, c'est qu'il s'agit peut-être justement d'un mécanisme de protection. En effet, si vous passez beaucoup de temps à parler de ce que votre ex-conjoint a fait ou n'a pas fait, peut-être cela devient-il une façon de ne pas parler de vos problèmes de couple ou de vos propres problèmes familiaux. À vous de voir, mais d'un commun accord, tentez le coup de limiter votre conversation (environ 15 minutes, par exemple). Ainsi, votre famille et vous ne s'en porterez que mieux. En passant, vous pouvez faire la même chose avec vos amis. Et surtout, assurez-vous que vos confidences se déroulent loin des oreilles attentives de vos enfants.

Exercice du souvenir

Lorsque le ressentiment est présent, vous ne pouvez pas l'ignorer et lorsqu'il diminue, vous êtes portée à ne plus vouloir en entendre parler. Toutefois, je vous propose un exercice fort utile pour faire diminuer votre ressentiment de façon plus durable. Lorsque vos émotions contraignantes sont un peu moins vives, prenez le temps de vous remémorer les aspects positifs de la personnalité de votre ex-conjoint. Je sais que vous n'en avez peut-être pas envie, mais tant que vous ne serez pas capable de le faire, cela vous indiquera que votre niveau de colère mérite que vous vous y attardiez. Comme tout le monde, cette personne avec qui vous avez partagé une part de votre vie (au moins le temps de faire un enfant) ne peut pas avoir que de mauvais côtés. Vous l'avez même probablement aimée et vous lui trouviez certainement des qualités. Demandez-vous quels aspects vous ont séduite. Réfléchissez en quoi ces aspects peuvent être actuellement un avantage pour vos enfants. Puis, redoublez la puissance de l'exercice en partageant vos réflexions avec ceux-ci. Vous pouvez être surprise des résultats.

Exercice de la photo

Je sais que vous pourriez avoir eu tendance à jeter toutes les photos que vous aviez de votre ex-conjoint. Pourtant, en avoir gardé, ne serait-ce qu'une, pourrait vous être fort utile. Les frustrations que vous ressentez lorsque vous avez des désaccords avec quelqu'un sont souvent en lien avec le fait que vous n'avez pas pu exprimer tout ce que vous vouliez dire, que vous vous êtes mal exprimée ou que vous n'avez pas été entendue. Ces frustrations sont à la source de vos ruminations. Vous devenez alors metteur en scène et retravaillez sans cesse la pièce pour qu'elle soit davantage au goût du public, c'est-à-dire vous!

Plutôt que de perdre beaucoup d'énergie à ruminer (je ne sais pas si vous avez remarqué, mais c'est souvent à des moments inopportuns qu'on s'adonne à cette activité comme lorsqu'on est supposé dormir), rendez le tout plus constructif. Puisque vous allez de toute façon repasser le discours intérieur de vos affronts, faites-le réellement. Je m'explique. Prenez une photo de votre ex-conjoint et exprimez-lui tout ce que vous auriez voulu lui dire, de la façon dont vous auriez voulu lui dire et avec l'intensité avec laquelle vous auriez voulu lui dire. La photo, quant à elle, vous laissera tout le temps de vous exprimer sans vous interrompre. Si toutefois elle vous interrompt, faites le numéro de l'hôpital psychiatrique le plus proche... Ce que je veux faire ressortir ici, c'est l'idée que, pour votre cerveau, le fait de parler à une photo équivaut à le faire réellement. Cet exercice diminuera votre surcharge émotive, ce qui vous procurera une réelle sensation de libération. Si vous voulez être encore plus efficace, reconnaissez, toujours en vous adressant à votre photo (non, je ne suis pas schizophrène), que votre ex-conjoint a également des points positifs (recyclez ceux que vous aurez trouvés au point précédent, j'adore optimiser les efforts !) et si vous êtes complètement zen (cela peut certainement vous procurer un bien-être momentané), profitez-en pour vous excuser de choses que vous pourriez avoir regrettées ou remerciez-le de vous avoir fourni des occasions de travailler sur vous-même (sans sarcasme, bien entendu). Si vous avez une amie à l'esprit ouvert, vous pouvez même faire cet exercice en utilisant cet être charitable à la place de la photo. Sinon, faites l'exercice en toute intimité et recommencez au besoin. Je ne dirai pas que le plaisir croît avec l'usage, mais plutôt que la détresse décroît avec l'usage.

Exercice des ciseaux

Puisqu'on est dans les exercices un peu moins conventionnels, je vous en propose un autre qui vaut également son pesant d'or. Il s'agit ici d'être attentive et de vous surprendre lorsque vous ruminez à propos de votre ex-conjoint (ou de qui vous voulez après tout). Chaque fois que vous remarquerez votre petit manège infernal, imaginez alors un grand cordon, tel un véhicule d'énergie, qui vous relie à cette personne. Considérez également que chacune de vos pensées alimente cet individu en énergie au détriment de la vôtre. C'est comme si vous perdiez cette énergie et l'offriez en cadeau à l'autre chaque fois que vous remâchez vos malaises à son sujet.

Avez-vous envie de lui faire un tel présent? Si votre réponse est non (si elle est oui, refaites le numéro de l'hôpital psychiatrique!), imaginez que vous prenez d'immenses ciseaux et que vous coupez ce cordon afin de vous réapproprier votre énergie. Assurez-vous ensuite de porter votre attention sur quelque chose qui occupera votre esprit dans le but de ne laisser aucun espace de votre conscient disponible pour de nouvelles ruminations. Encore une fois, recommencez au besoin, cela ne fait pas mal et, en plus, c'est discret.

Envisager le pardon

Les processus de pardon peuvent varier d'une personne à l'autre, mais ils ont tous un point en commun, celui de débuter par un effort de volonté de votre part. Évidemment, un tel effort est certainement le moyen le plus efficace et durable de mettre fin à votre ressentiment. Si vous manifestez de l'intérêt pour une telle démarche, procurez-vous un livre qui aborde le sujet. Plusieurs traitent du processus de pardon; ils pourront certainement vous inspirer.

Se questionner sur les formes de violence et d'irrespect

Il est impossible de discuter des relations entre ex-conjoints et des conflits qui peuvent survenir entre eux sans faire une véritable réflexion sur les différentes formes de violence que vous pourriez, consciemment ou non, utiliser. Nous exerçons toutes et tous, en effet, une certaine forme de violence à l'occasion. Le fait d'en prendre conscience peut favoriser une ouverture au changement, ce qui est forcément un atout. Bien entendu, il ne s'agit pas ici de culpabiliser à la moindre rechute, mais plutôt de prendre conscience des comportements qui peuvent devenir récurrents.

Violences subtiles

Il existe plusieurs types de violences subtiles, et cette caractéristique n'atténue en rien leur toxicité, surtout à moyen et à long termes. Comme rien ne parle plus qu'un exemple, voici une liste de gestes qui traduisent cette forme de violence. N'hésitez pas à compléter cette liste avec vos propres anecdotes, même si la fierté n'est pas au rendez-vous.

Faire des commentaires aux enfants sur l'autre parent

- « On sait bien, ton père ne voit pas à te nourrir convenablement. » (Cela suggère une incapacité à subvenir adéquatement à un besoin de l'enfant.)

- « On sait bien que ta mère ne ferait jamais des courses pour toi. » (Cela insinue qu'elle est incapable de faire des gestes de générosité.)

- «Ça paraît lorsque vous allez chez votre père, car vous reve-nez toujours mal habillés.» (Cela sous-entend qu'il manifeste de la négligence.)

Si vous vous reconnaissez dans l'une de ces remarques, vous pourriez facilement vous dire: «Oui, mais l'autre parent a réel-lement de tels comportements.» Si c'est le cas, êtes-vous obligée de le souligner à vos enfants? Ce parent est peut-être peu perfor-mant sur certaines choses, mais capable d'accorder à vos enfants d'autres avantages que vous êtes moins en mesure de leur offrir. Sinon, que pouvez-vous y faire? Pensez-vous que vos enfants ne sont pas capables, même très jeunes, de voir certaines tares parentales? De toute façon, si vos enfants sont victimes d'une véritable négligence qui pourrait mettre leur intégrité en dan-ger, rien ne sert d'en parler, agissez.

Comparer l'enfant à l'autre parent

- «Tu es mesquin comme ton père.»
- «Tu as le caractère exécrable de ta mère.»
- «Tu es menteur comme ta mère.»

Attribuer des critiques négatives à l'autre parent n'est pas génial pour l'enfant, mais l'associer en plus à celles-ci peut car-rément devenir néfaste pour lui. Ce dernier sait que vous n'aimez plus votre ex-conjoint et que vous l'avez quitté (si c'est le cas), ce qui peut facilement l'amener à penser que vous lui réserverez le même sort («Maman ne m'aime plus, elle me quittera aussi»). De toute façon, ces critiques sont carrément des insultes dirigées contre lui, ce qui porte une atteinte à son estime personnelle.

Faire des gestes passifs-agressifs

- Accuser constamment des retards dans les paiements de la pension alimentaire.
- Ne jamais transmettre le message aux enfants lorsque leur père ou mère les appelle.
- Oublier systématiquement des articles importants dans la préparation des bagages de vos enfants.
- Ne pas répondre aux questions que l'autre parent vous adresse.
- Arriver toujours en retard quand vient le temps d'aller reconduire ou chercher les enfants.
- Omettre d'informer l'autre parent des rendez-vous médicaux ou scolaires ou ne pas le tenir informé de façon générale.
- Ne jamais respecter l'une ou l'autre des marches à suivre convenues pour le bon fonctionnement de la garde.

Nul besoin de monter le ton ou de s'énerver lorsqu'on manifeste ce genre d'attitude ; toutefois, ces gestes n'en demeurent pas moins très agressants.

Violences moins subtiles

Évoquons maintenant des formes de violence beaucoup moins subtiles.

Manquer aux règles de civisme de base

- Ne jamais dire bonjour ou au revoir lors des échanges verbaux ou téléphoniques.
- Ne jamais permettre au père ou à la mère de mettre un pied dans le vestibule de votre maison ; lui fermer la porte au nez dans l'attente de la sortie des enfants.
- Surgir chez l'autre parent sans saluer ou s'annoncer.

Être complètement déplacé

- Engueuler l'autre, et qui plus est, devant les enfants. (Vous vous êtes peut-être séparés, entre autres, pour éviter cette situation, alors qu'avez-vous gagné si vous perpétuez cette même attitude?)
- Couper régulièrement la communication.
- Menacer, ridiculiser, insulter, etc. Bon, ça suffit, je suis certaine que vous avez compris!

Quoi faire lorsque votre partenaire souffre de sa relation avec son ex-conjointe?

Lorsque vous voyez souffrir une personne que vous aimez, cela peut parfois devenir insoutenable et provoquer en vous beaucoup de colère et d'indignation. D'autant plus que vous avez les pieds et les mains liés, parce que vous ne pouvez pas intervenir auprès de l'ex-conjointe ni auprès de leurs enfants, car vous n'êtes pas le parent officiel. Cela peut vous faire vivre extrêmement d'impuissance et de frustration. Toutefois, votre rôle de soutien peut être déterminant pour l'élu de votre cœur. Attention, j'ai bien dit «de soutien» et non «d'ingérence» dans leur relation.

Lorsque votre partenaire vit des situations difficiles avec son ex-conjointe, la première chose à faire consiste à être à son écoute. Non pas à l'écoute de tous les indices qui vous permettent de préparer la riposte, mais bien à l'écoute de ses besoins. Laissez-le s'exprimer sans l'interrompre. Abstenez-vous d'en remettre pour attiser la colère ou encore banaliser ses propos. Il sera toujours temps, par la suite, de donner votre opinion de façon posée. Ce point est particulièrement délicat, car étant vous-même émotionnellement impliquée, la tentation est forte de trop vous en mêler. Bien entendu, cela vous concerne dans la mesure où les désaccords ont souvent un impact sur votre vie familiale. Discutez-en ensemble en vous rappelant qu'il s'agit du problème de votre partenaire et non du vôtre. N'hésitez pas à lui prodiguer des conseils pertinents et à remettre les événements en perspective lorsque c'est possible. Faites-le en ayant à l'esprit l'exercice du temps limite mentionné précédemment.

Cela dit, respectez le rythme de votre partenaire. Même si, à vos yeux, il est urgent que dans tel cas il agisse de telle ou telle façon, laissez-le faire. N'hésitez pas à considérer que les solutions que vous envisagez ne sont peut-être pas les meilleures; remettez-les en doute. Peut-être aussi sont-elles bonnes pour vous, mais pas pour lui; peut-être pourraient-elles être bonnes pour votre partenaire, mais que le fruit n'est pas mûr car il lui reste sans doute un bout de chemin à faire avant de les adopter. Ayez confiance en la vie, répétez-vous qu'elle est bien faite. N'oubliez pas non plus que votre amoureux possède une meilleure connaissance des réactions possibles de son ex-conjointe et, donc, ses choix seront peut-être plus judicieux. Bref, le fait d'intervenir délicatement peut certainement lui apporter un éclairage nouveau, mais laissez-le en disposer à sa manière.

S'il vous est très difficile de ne pas vous ingérer dans les litiges de votre partenaire, ne culpabilisez pas et interrogez-vous sur votre besoin de contrôle. Si la façon dont votre amoureux gère sa situation vous exaspère et que cela ne fait qu'augmenter votre ressentiment face à son ex-conjointe, posez-vous la question suivante: «Qu'est-ce que j'ai de la difficulté à accepter chez mon partenaire et que j'évite de voir parce que j'ai tendance à me concentrer sur ce que j'éprouve envers son ex-conjointe?» Vous ferez alors des découvertes. Peut-être allez-vous remarquer que derrière votre haine face à l'attitude tyrannique de son ex-conjointe, c'est l'incapacité de votre partenaire à s'affirmer qui vous choque particulièrement. N'oubliez pas également que, dans une telle situation, vous devez d'abord prendre soin de vous avant d'envisager offrir votre appui à votre amoureux. Si cette dynamique vous affecte beaucoup, osez lui demander de ne plus vous en parler afin de vous préserver.

Finalement, réjouissez-vous chaque fois que votre partenaire établit un contact fructueux avec son ex-conjointe, saluez la bonne entente, soyez heureuse des améliorations. Plus votre partenaire aura une bonne entente avec son ex-conjointe, moins il sera préoccupé et peut-être inquiet pour ses enfants, et plus il sera disponible pour vous. Voyez d'un bon œil le fait que celui-ci puisse discuter avec la mère de ses enfants et même encouragez-le à le faire. L'idée que des ex-conjoints doivent absolument se détester est dépassée. En fait, il arrive de plus en plus fréquemment que des occasions spéciales soient soulignées avec la présence des nouveaux conjoints et des ex-conjoints. Quand les blessures sont moins vives, il n'y a pas de mal à cela. Ces situations, qui demandent de la souplesse et de l'ouverture (je n'ai pas dit du sacrifice et de l'à-plat-ventrisme), sont très bénéfiques pour les enfants.

Le seul effet pervers de cette ouverture d'esprit pourrait être le fait que l'ex-conjointe en question prenne trop de place en s'immisçant dans votre façon de faire les choses, par exemple. Si c'est le cas, rappelez-lui gentiment que vous faites de votre mieux et que vous aimeriez qu'elle l'apprécie. S'il est franchement question de mauvaise foi de sa part, ne vous faites pas violence, respectez-vous et diminuez les contacts. Si vous n'êtes pas à l'aise parce que la bonne entente devient le prétexte à des visites impromptues, et si chaque fois que les enfants reviennent ou partent les salutations se transforment en «Je ne décolle plus de là et j'en profite pour raconter ma vie», parlez-en avec votre partenaire, établissez vos limites respectives et développez une stratégie de distanciation.

***

Lorsque vous avez fait le choix de vivre en famille recomposée, de nouvelles et agréables perspectives s'ouvraient devant vous et tous les espoirs étaient permis. Peut-être avez-vous songé que vous aviez une nouvelle chance, même si vous conservez un souvenir intense et douloureux de votre séparation. Cette période de crise n'aura certainement pas été vaine.

Que ce soit dans l'histoire de notre planète ou dans votre histoire personnelle, les mêmes principes priment partout. N'est-il pas vrai, par exemple, que c'est grâce à la catastrophe qui a entraîné l'extinction des dinosaures que nous avons pu voir apparaître une nouvelle forme de vie plus évoluée sur la terre ? Il semble que ce soit également grâce à une catastrophe précédant l'arrivée des dinosaures que ceux-ci avaient eux-mêmes pu faire leur apparition. La vie aime la stabilité et elle est en constante recherche d'équilibre. Par contre, ce bel équilibre doit parfois être rompu et être ponctué de grands bouleversements afin de permettre à la vie de faire un saut vers l'avant. Bien gérées, les périodes de crise sont donc génératrices d'évolution. Vous constatez certainement que vous n'êtes plus la même personne qu'avant. Alors, à vous de voir en quoi vous avez évolué. Rappelons ces célèbres vers d'Alfred de Musset qui tombent ici à point nommé.

L'homme est un apprenti, la douleur est son maître
Et nul n'a rien appris, tant qu'il n'a souffert.

Enfin, plus vos relations avec votre ex-conjoint seront harmonieuses, plus les conflits seront résolus et mieux se portera votre famille actuelle. N'oubliez pas que même si vous avez fait votre

examen de conscience et que vos comportements semblent irré-
prochables, si vous continuez à nourrir une haine viscérale envers cette personne, vos enfants en souffriront.

Dans ce présent chapitre, je trouve que la prière de sérénité
prend tout son sens :

Donnez-moi la force de changer ce que je peux changer,
D'accepter ce que je ne peux pas changer,
Et la sagesse d'en faire la différence.

Ce que je peux changer c'est moi,
Ce que je ne peux pas changer c'est l'autre.

Votre ex-conjoint vous a peut-être permis de devenir une meilleure personne. Il y a de ces liens qui vous donnent l'occasion d'évoluer davantage en étant séparés qu'ensemble. Alors, pardonnez-vous
vos écarts de conduite, prenez soin de vous et soyez fière d'avoir
l'occasion de vous surpasser.

Chapitre 3

Parent et beau-parent : savoir se situer et favoriser des liens harmonieux

Assumer la tâche de beau-parent peut représenter tout un défi. Ce rôle, spécifique à la famille recomposée, n'est pas simple. Sa complexité est d'abord liée au fait qu'il y a peu de modèles de référence qui traitent de ce sujet. Complexité qui est aussi liée au fait que vous n'avez probablement pas désiré jouer un tel rôle. Effectivement, vous avez peut-être choisi d'avoir des enfants, mais vous n'avez probablement pas choisi d'avoir un enfant qui n'est pas le vôtre, à un âge précis de son évolution. Lorsque vous étiez plus jeune et que vous rêviez de fonder une famille, vous n'auriez jamais pensé que la cigogne vous livrerait un jour un enfant de six ans qui ne vous ressemble pas. Si tel avait été le cas, vous auriez tôt fait de croire qu'il y a eu erreur de livraison : pas le bon paquet, ni à la bonne personne, ni au bon moment. Qui plus est, vous n'avez jamais songé à vous préparer à un tel rôle. Vous avez peut-être joué «au papa» et «à la maman» (et aussi peut-être au docteur!), mais il serait surprenant que vous ayez joué «au beau-papa» ou «à la belle-maman». En réalité, si vous l'avez fait, c'est plutôt pour incarner un rôle de «méchant» (comme la méchante belle-mère des histoires pour enfants). À ce compte-là, rien d'étonnant que vous ne vous projetiez pas dans l'avenir en vous identifiant à ce personnage. Dans les jeux d'enfants, le rôle du méchant est souvent attribué et non choisi. Les bambins disent : «Moi, je vais être tel superhéros», «Moi, je vais être tel autre superhéros». «Mais qui va faire le méchant? Allons chercher le petit frère (du coup, il devient intéressant) pour le convaincre que c'est un rôle génial!» Même dans l'imaginaire des tout-petits (qui est une préparation à la vie), l'attribution d'un tel personnage est effectivement imposée.

Dans tous les cas, admettons que vous n'ayez même jamais pensé qu'un rôle de beau-parent existe ou que vous ne lui ayez jamais attribué aucune connotation négative, vous n'êtes pas plus avancé. En effet, comme je l'ai mentionné, vous avez très peu de modèles de référence. En considérant que cela tend à changer (puisque, par exemple, il est mieux représenté dans les émissions de télévision), le phénomène demeure relativement récent, du moins sous sa forme actuelle. Donc, il n'est pas évident d'être beau-parent même si ce n'est pas obligé d'être difficile (il n'y a rien de pire que d'appréhender un niveau élevé de difficulté, car il est fort à parier qu'il le sera).

Notons toutefois que vous n'êtes pas automatiquement beau-parent du simple fait de cohabiter avec un enfant qui n'est pas le vôtre ; vous le devenez au fur et à mesure que vous développez un lien et une relation avec celui-ci. Cet apprentissage demande temps et investissement.

Dans ce chapitre, je vous propose des points de repère, des pistes de réflexion et des outils pratiques qui vous permettront de mieux vous situer. Je vous offre, en premier lieu, de réfléchir au rôle de beau-parent en fonction de différents contextes de vie. Puis, je souligne les spécificités, tant pour le parent que pour le beau-parent, reliées au fait d'être un homme ou une femme. Ensuite, j'aborde la délicate et épineuse question de la discipline des enfants, ainsi que deux pièges parentaux fréquents. Enfin, je suggère une série d'outils pratiques destinés spécifiquement au rôle de beau-parent.

Où vous situer en fonction du contexte ?

Le contexte précédant la famille recomposée

Divorce récent ou non

Le temps écoulé depuis le divorce a certainement un impact sur votre rôle de beau-parent. En effet, si les enfants de votre partenaire (comme les vôtres d'ailleurs) n'ont pas eu assez de temps pour faire leur deuil, la vie en famille recomposée peut se révéler complexe. Les multiples stress qu'impose la séparation engendrent un processus de deuil qui peut se manifester, entre autres, comme nous l'avons déjà vu, par de la colère ou par de la tristesse. Les enfants peuvent alors présenter des comportements perturbateurs et de régression, tel refaire pipi au lit alors qu'ils étaient propres. Ils ont donc besoin de beaucoup d'attention et de réconfort à un moment où le parent n'est pas nécessairement disponible parce qu'il est encore aux prises avec son propre deuil ou avec le fait d'investir de l'énergie dans votre nouvelle famille. Les enfants peuvent être excessivement collés sur ce parent et devenir extrêmement exigeants. Dans un tel contexte, il n'est pas évident de créer un lien d'attachement avec les enfants de votre conjoint. On sait d'ailleurs que les enfants conservent longtemps l'espoir, inconscient ou non, de voir leurs parents réunis de nouveau. L'arrivée trop rapide d'un beau-parent peut alors être vécue très difficilement, car ce dernier vient interférer avec ce projet. Quoi qu'il en soit, que la séparation ait eu lieu il y a six mois, deux ou huit ans, l'arrivée d'un nouveau conjoint sera perturbatrice pour les enfants, qu'on le veuille ou non. À ce compte-là, le beau-parent (homme ou femme) devra faire preuve de patience et de compréhension, raison de plus si le divorce est récent.

Si votre projet de vivre en famille recomposée n'a pas encore été réalisé, il est donc favorable de laisser un certain temps s'écouler entre le moment où l'enfant voit ses parents séparés et le moment où il se voit imposer un beau-parent. Ce laps de temps pourrait s'étaler au minimum sur un an, car cela permet de vivre chaque événement qui ponctue l'année (temps des fêtes, Pâques, anniversaires, etc.). Cependant, le fait de cloisonner une telle démarche dans un temps déterminé est dangereux, simplement parce qu'elle est très personnelle et variable d'un individu à l'autre. Alors, dans les circonstances, il n'y a rien comme de suivre votre intuition.

Contexte de monoparentalité

De la même façon que la séparation trop récente des parents biologiques peut contribuer à augmenter le niveau de difficulté dans l'intégration du rôle de beau-parent, une trop longue période de monoparentalité avant votre arrivée peut également présenter son lot de défis. En effet, profitant parfois d'un contexte de déstabilisation de la part de leur parent, les enfants peuvent avoir développé des habitudes qu'ils n'auraient pas adoptées normalement. Ils peuvent, par exemple, profiter des largesses d'un parent épuisé. De façon moins souhaitable, ils peuvent également avoir été portés à assumer des fonctions d'adulte (jouer, par exemple, le rôle de l'homme de la maison ou celui de la mère du foyer) ou des responsabilités qui appartiennent normalement au conjoint (s'inquiéter des problèmes financiers ou servir de confident). Peu importe le cas, même si cette situation n'est pas saine, l'enfant en aura peut-être tiré des bénéfices secondaires. L'arrivée d'une belle-mère, par exemple, sera alors salutaire, mais non sans provoquer de vagues. Ayant un regard plus objectif, vous aurez tôt fait de remarquer ces petites habitudes pour le moins contestables. Vous aurez alors peut-être une forte envie de les pointer du doigt, voire de les combattre, mais cette attitude peut créer une tension néfaste au sein de la famille. Plus vous tenterez de vous obstiner à faire disparaître certaines dynamiques entre le parent et l'enfant, plus ce dernier opposera de la résistance et plus vous participerez à une dynamique de jeux de pouvoir. Ici, votre projet implicite sera de les faire changer de comportement relationnel.

Évidemment, la solution n'est pas de vous museler et de ne rien dire du tout, car ce serait à l'encontre des principes que nous avons abordés. Il est important et même salutaire de faire part au parent de ce que vous observez. Vous leur rendrez alors un grand service. Par contre, une fois que c'est dit, c'est dit, évitez de cogner toujours sur le même clou. Laissez-leur le temps de reconstruire leur relation différemment. Si c'est long ou même interminable, soyez concentrée sur vos propres besoins et voyez comment ce «chantier» vous affecte et comment vous pouvez remédier à la situation. En définitive, il est toujours avantageux d'être patiente, car n'oubliez pas que Paris, après tout, n'a pas été bâti en un jour. Cela dit, il n'est évidemment pas justifié d'être complice de comportements franchement inadmissibles entre le parent et l'enfant.

Si, par votre arrivée, vous avez bousculé les habitudes adoptées au moment de la période de monoparentalité, votre présence peut, à plus ou moins long terme, être perçue comme un avantage. Même si les enfants ne sont pas portés à l'avouer directement, ils peuvent être soulagés de vous avoir dans leur vie. S'ils ont vu leur parent malheureux, stressé et préoccupé par des problèmes, entre autres financiers, et que ce même parent est soudainement souriant et détendu, ils sauront l'apprécier. Paradoxalement, ils peuvent profiter du fait que leur parent va mieux pour s'accorder enfin la possibilité d'aller moins bien, en ce sens qu'ils peuvent enfin lâcher prise et exprimer leur propre malaise. Donc, ne pensez pas que vous êtes forcément un indésirable dans leur vie et considérez que vous pouvez leur offrir une occasion formidable d'être justement des enfants qui expriment peut-être leur désaccord ou leur tristesse, mais qui savent très bien, au fond d'eux-mêmes, jusqu'à quel point vous jouez un rôle positif dans leur vie.

Présence de liaisons antérieures ou non

Dans certains cas, le parent aura de multiples relations amoureuses, plus ou moins passagères, avant votre arrivée dans sa vie. Dans un tel cas, l'enfant aura certainement appris à ne pas s'investir auprès du partenaire de son parent. Il considérera ce type de relation comme plutôt éphémère et aura alors tendance à se préserver d'un détachement éventuel en s'engageant uniquement auprès de son parent biologique. Avant que l'enfant comprenne que vous êtes là pour rester et qu'il accepte votre présence, cela peut prendre du temps. L'enfant pourrait être porté à vous ignorer ou, au contraire, à être jovial (son expérience lui a permis de développer certaines habiletés sociales), mais il restera, pour un temps, à un niveau très superficiel de la relation. Dans un tel contexte, pour une fois, le temps m'apparaît clairement gagnant ! Plus vous persévérerez dans votre relation, plus vous aurez de chances que votre lien avec l'enfant devienne significatif, tout en vous rappelant que «patience et longueur de temps font plus que force ni que rage».

Contexte de décès ou de parent biologique inconnu

Il peut être difficile d'être beau-parent d'un enfant dont le parent biologique du même sexe est décédé. Cela est d'autant plus ardu si cet enfant l'a bien connu, car il aura tendance à conserver tous les bons souvenirs partagés avec lui et à occulter les mauvais. Ce parent devient comme un dieu grec, il est parfait et cette image reste intacte dans la mémoire de l'enfant. Bon, il est difficile de se mesurer à un dieu grec, mais ne vous découragez pas, car si vous perdez le sprint du départ, vous pouvez gagner la course de fond. En fait, l'image est mal choisie, car ce n'est justement pas une compétition. Plutôt que de voir ce parent défunt comme un adversaire, voyez-le comme un membre de votre équipe. Laissez l'enfant s'exprimer à son sujet, tentez de découvrir le parent défunt à travers lui, réjouissez-vous du positif qu'il aura apporté à sa vie et accueillez ce souvenir glorieux. Vous pouvez même inciter l'enfant à évoquer ses souvenirs, car celui-ci constatera qu'il ne s'agit pas d'un sujet tabou, ce qui est fréquent dans un cas semblable. Rassurez l'enfant sur le fait que vous n'êtes pas ce parent, que vous ne voulez pas le remplacer et que vous tenterez de l'aider à honorer sa mémoire.

Étant libre d'éprouver son amour envers son parent défunt et assuré de pouvoir l'exprimer librement, l'enfant sera alors en mesure de recevoir le vôtre et de vous donner le sien en retour. N'oubliez pas qu'il est toujours avantageux de rester vous-même et de demeurer authentique. L'enfant saura et acceptera que vous êtes différente de son parent défunt. De cette façon, il y aura beaucoup plus de chances que vous développiez ensemble une relation harmonieuse.

Dans certaines situations, l'autre parent biologique n'est pas mort, mais totalement absent. Soit l'enfant ne l'a jamais connu, soit il est en rupture, forcée ou volontaire, avec lui. Le but, ici, n'est pas d'étudier tous les cas de figure, car ce serait complexe. Par contre, dans ce cas comme dans celui d'un décès, votre rôle de beau-parent devient extrêmement important. Vous avez la chance de devenir une figure parentale prédominante, soyez-en consciente. Loin de moi l'idée de diminuer l'impact du rôle de beau-parent en général, mais plutôt de souligner l'ampleur de l'importance qu'il peut revêtir dans ce contexte précis. Dans de tels cas, le mode de fonctionnement de la famille recomposée se rapprochera davantage de celui des familles traditionnelles[8].

Le contexte de garde

Le type de garde a certainement une influence sur votre rôle de beau-parent. Si les enfants de votre partenaire sont sous votre toit à temps plein, vous aurez certainement plus d'implication

8. J'ai personnellement décidé d'employer le terme famille «traditionnelle» plutôt que famille «nucléaire» ou «intacte». Ce terme ne doit évidemment pas être pris dans un sens péjoratif.

auprès d'eux et votre lien se développera plus rapidement. Voilà une évidence, mais si j'aborde ce point, c'est pour souligner le fait que d'être beau-parent d'enfants que l'on ne voit qu'une fin de semaine sur deux n'est parfois pas facile. Si vous avez vos propres enfants à temps plein et que votre conjoint a les siens à temps partiel, ne soyez pas étonnée de constater que vos enfants ont développé un lien plus fort avec votre partenaire que vous avec les siens.

Ce constat peut procurer une certaine culpabilité de part et d'autre : de votre côté, parce que vous n'avez pas une relation aussi intime avec les enfants de votre partenaire ; et de son côté, parce qu'il peut culpabiliser d'investir du temps qu'il ne consacre pas à ses propres enfants. En plus, il peut parfois être frustrant de constater que ces derniers entretiennent un lien étroit avec le beau-parent de la maison où ils habitent à temps plein, contrairement au lien qu'ils ont avec vous. Cette frustration est doublée du fait que même si vous faites tout pour qu'ils se sentent chez eux, ils ne considèrent pas votre maison comme la leur. En fin de compte, l'important est d'être consciente de ce phénomène afin d'ajuster votre niveau d'attente et d'accepter la situation telle qu'elle est.

L'âge de l'enfant

Moins de deux ans

Si vous êtes beau-parent d'un bambin de moins de deux ans, il est fort à parier que la séparation de ses parents est relativement récente. À cet âge, il est préférable que celui-ci ne soit pas séparé de sa mère pendant une trop longue période. Le fait d'entendre des voix, de sentir des odeurs ou de ressentir des touchers familiers lui procure un sentiment de sécurité. À ce stade, vous êtes mieux de voir l'enfant plus souvent, mais moins longtemps, que de faire l'inverse. En sa présence, il ne vous reste plus qu'à le câliner tout en respectant sa routine. Si vous ne vous sentez pas habile, ne vous imposez rien et apprenez à apprivoiser le tout-petit à votre rythme.

De deux à quatre ans

À cet âge, vous l'aurez remarqué, l'enfant cherche à s'affirmer et à développer son autonomie. Il a besoin de routine et, s'il n'a pas l'impression d'avoir un certain contrôle sur son environnement, il peut facilement devenir tyrannique. Dans ce contexte, il est important de respecter les habitudes de l'enfant, ce qui néces-site, autant que faire se peut, la collaboration de l'ex-partenaire de votre conjoint. Sinon, à tout le moins, assurez-vous d'avoir toutes les informations de la part de votre compagnon de vie et de bien vous entendre sur la marche à suivre concernant la rou-tine (les heures de repas, de collations, de dodo, etc.) ainsi que toutes les façons de faire en général, incluant l'utilisation des ob-jets fétiches. Le fait d'avoir un objet assimilable à une icône sacrée est très sécurisant pour le bambin, surtout en période de chan-gement.

Par exemple, Rémi ne sort jamais sans son petit lion et prend toujours sa sucette, mais aux heures de dodo. Mélanie a besoin d'avoir son nounours sous la main à tout moment. Ou encore, lorsque Xavier se fait laver les cheveux, c'est toujours à l'évier de la cuisine, avec son shampoing saveur «gomme balloune», et ses cheveux sont rincés à l'aide d'un verre bleu. Quant à Cassandre, il ne faut jamais, au grand jamais, lui mettre son chandail avant de lui avoir mis son pantalon. Vous ne serez pas étonnée, dans un tel contexte, qu'il faille faire plusieurs kilomètres pour retour-ner prendre une poupée oubliée chez l'autre parent même à 22 h ! En fait, surtout à 22 h, car cela signifie que l'enfant ne dort toujours pas malgré vos multiples stratagèmes et qu'il est inconsolable. À ce compte-là, vous me direz que faire un doctorat en physique nucléaire est plus facile que d'être compétent dans une routine pour enfant et qu'il vous faudrait un manuel de mille pages, en trois exemplaires (pour l'étudier au bureau ou ailleurs) afin de faire le tour de la question.

Évidemment, le but n'est pas d'être parfait et l'enfant doit apprendre à vivre des contrariétés. Toutefois, pour faciliter vos rapports avec lui, il vaut mieux respecter le plus possible sa routine. Si cela est impossible pour vous, à cause des circonstances (vous ne comprenez pas ce qu'il veut, cela est impossible ou grandement contre vos principes), offrez-lui une solution de rechange. Grâce à cela, il aura l'impression de moins subir les événements et d'avoir plus de contrôle sur son environnement; en voici un exemple.

Sébastien, deux ans, refuse de se coucher. Sa belle-mère lui dit : «Sébastien, je ne peux pas te faire dormir dans ton lit en forme de bateau [celui qu'il a chez sa mère] et papa ne peut pas te donner un bec maintenant [il est à l'extérieur à cause d'une urgence au travail], mais je t'offre un choix : soit on écrit un mot à papa et tu te couches dans notre lit en regardant un livre d'images, soit on écrit quand même un mot à papa mais tu restes couché dans ton lit, et c'est moi qui te raconte une histoire. Tu décides, c'est toi qui choisis.»

Dans tous les cas, à cet âge, ne soyez pas surprise d'assister à des crises dignes des derniers moments d'un martyr plongé dans la fosse aux lions. Les *terrible two* qui font le bacon sur le plancher portent bien leurs noms. Donc, soyez avertie, et surtout patiente.

Ne vous surprenez pas non plus d'avoir des compagnons de nuit, scénario assez fréquent dans toutes les familles qui ont des enfants de cet âge. Mais, ici, comme il ne s'agit pas de votre enfant, une aussi grande proximité peut s'avérer difficile. Sur ce point, vous seule connaissez vos limites et vous seule pouvez les exprimer à votre partenaire. La solution n'étant certainement pas de déserter votre propre lit, mais plutôt de lui exprimer votre besoin tout en étant attentive à sa réaction. Si vous éliminez l'option de mettre un piège à l'entrée de votre chambre, la solution peut varier de l'achat d'un lit extra-grand avec petit visiteur du côté de son parent biologique tôt le matin, soit seulement à partir de 5 h, à un refus d'autoriser le sommeil collectif tout court.

Bref, les enfants de cet âge vous demanderont d'avoir une bonne dose de souplesse et d'adaptation, mais persévérez, car si ce n'est pas eux qui vous y obligeront, c'est la vie qui se chargera de vous trouver d'autres personnes pour vous forcer à l'être !

De quatre à six ans

Vous connaissez certainement le phénomène du complexe d'Œdipe (Électre pour les petites filles). À cette étape, l'enfant essaie de gagner l'amour de son parent de sexe opposé en tentant de le séduire. Il fantasme sur le fait de «marier» son papa ou sa maman et il reléguerait bien son autre parent, qui s'interpose en rival, aux oubliettes. Heureusement, l'amour qu'il éprouve pour cet autre parent lui permet d'accepter mieux les limites qui lui seront inévitablement imposées. Par contre, si vous êtes beau-parent (surtout si l'enfant a un lien avec son parent biologique du même sexe), alors, attention ! Je ne vous dis pas de prendre les jambes à votre cou, mais plutôt de garder une bonne distance psychologique (nous y reviendrons au chapitre 5), car il y a des chances que tous les efforts d'opposition de l'enfant soient dirigés contre vous, rivale numéro un, au bénéfice de l'autre parent du même sexe qui, lui, peut demeurer une figure idéalisée.

Dans une telle situation, votre partenaire peut jouer un rôle déterminant. C'est lui qui interagira avec l'enfant afin de réaffirmer sa place auprès de vous. L'enfant supportera beaucoup mieux la réalité si elle sort de la bouche de son parent que si elle vient de vous (de façon verbale ou non). Donc, ne cédez pas à la tentation de jouer à la plus forte en contribuant à accentuer la dualité. Il n'est pas question non plus de ne pas afficher votre amour conjugal, mais simplement de laisser à votre partenaire le soin d'exprimer les limites nécessaires à l'enfant. Par exemple, Maryse vous dit : « Tu sais, ce n'est pas toi qui dormiras avec papa ce soir, tu n'as pas d'affaire là ! » et vous répondez : « J'entends ce que tu me dis, Maryse, et je préfère que tu règles cette question avec ton père. » Ainsi, tout le monde dormira à sa place, à moins que vous n'ayez une visite nocturne (vous qui pensiez avoir réglé la question précédemment !) et, même à ce moment, résistez à la tentation de mettre un piège à l'entrée de votre chambre.

Enfin, n'oubliez pas qu'encore à cet âge, la routine demeure un enjeu important. Alors, allez-y gaiement dans les petites manies qui vous seront promptement rappelées en cas d'égarement, car l'enfant veille au grain.

De six à douze ans

Communément nommé la période de latence, ce stade est certainement le plus calme dans le développement de l'enfant. Si les circonstances ont fait en sorte que vous soyez devenu beau-parent pendant cette période, elles joueront à votre avantage. À cet âge, les enfants sont très concentrés sur une multitude de choses à accomplir. Ils sont absorbés par le jeu, les amis, les loisirs et, bien entendu, l'école. Ils cherchent à développer des compétences et veulent se sentir acceptés par leurs pairs. Leur univers est plus vaste que jamais, ce qui leur permet de faire beaucoup de nouvelles expériences.

Comme beau-parent, il est avantageux de vous tenir au courant de ce qui constitue leur vie. De plus, grâce à une vision plus distanciée, vous serez bien placée pour noter certaines habiletés qui échappaient à leurs parents. N'hésitez pas à les souligner et à proposer des activités mettant à profit leurs talents. Par exemple, vous pourriez avoir remarqué que votre beau-fils chante juste et lui proposer des cours de chant. De plus, n'hésitez pas à mettre à profit vos propres talents. Si vous êtes, par exemple, bonne dessinatrice ou bonne musicienne et qu'en plus vous êtes pâtissière, sportive, horticultrice... dommage que vous ne soyez plus disponible car je vous aurais présenté à un ami célibataire! Trêve de plaisanterie, cela peut certainement susciter l'intérêt de l'enfant. Offrez-lui de vous assister, mais ne soyez pas défaitiste au moindre refus. Ne sachant pas ce qu'il manque et n'étant peut-être pas empressé de se lier à vous, il pourrait faire la fine bouche. Soyez plus rusée que lui et, plutôt que d'attendre qu'il se décide, passez à l'action et rendez l'activité, à ses yeux, intéressante. Sortez votre peinture et vos petites maisons en céramique, et installez-vous confortablement en mettant de côté l'une d'elles qui lui serait destinée. Vous verrez qu'il ne tardera pas à vous tourner autour. Tant mieux si vous visez un centre d'intérêt, vous aurez une activité en commun susceptible de créer une connivence entre vous.

N'oubliez pas qu'à cet âge, les visites nocturnes peuvent encore survenir à propos d'une fièvre, d'un cauchemar et, surtout, du gros monstre poilu sous le lit... Décidément, le lit extra-grand est une option intéressante.

De douze à dix-huit ans

C'est la période d'adolescence tant redoutée. Il est vrai que certains écrits soulignent le fait qu'il s'agit d'un moment difficile pour devenir beau-parent. Même si cela peut représenter un défi, il est possible de le relever. Par contre, à ce stade de développement, plus que jamais, votre discrétion en matière d'éducation sera un atout. Votre rôle comme figure parentale sera minime et vous devrez probablement vous contenter d'être un point d'appui pour le parent biologique, ce qui n'est pas rien. Toutefois, les lignes qui suivent pourraient tout de même s'adresser à vous. Au demeurant, si vous êtes beau-parent d'un adolescent qui vit avec vous depuis longtemps, les réflexions suivantes s'adressent sans nul doute à vous.

Si les adolescents sont portés à remettre en question l'autorité parentale, il est certain que vous n'échapperez pas au même sort, car vous êtes vous-même une figure d'autorité. D'abord et avant tout, il ne faut pas hésiter à avoir des propos clairs et authentiques avec l'ado. Même s'ils ne sont pas des as de la communication (à moins d'être chanceuse, car cela se limite souvent à des onomatopées comme «hein», «bof», «hmm»), ils apprécient (comme tout le monde au fond) les rapports francs et directs. Comme nouvelle conjointe, par exemple, n'hésitez pas à dire: «Je sais que je ne suis pas ton parent et je n'ai pas l'intention de le devenir, je suis ici parce que je suis amoureuse de ton père. Par contre, tu peux compter sur ma collaboration si tu en as besoin.» N'hésitez pas à avoir recours à une saine communication (chapitre 1) et soyez prête à vous remettre en question. Bien entendu, plus que jamais, vous aurez besoin d'une bonne distance psychologique (je vous en parlerai dans un prochain chapitre). Le respect de leur intimité est important et les amis sont un incontournable (en personne, au téléphone ou par Internet). Si vous pensez pouvoir enfin dormir en paix, sachez qu'il n'en est rien.

Vous passerez des nuits à tendre l'oreille en guettant un retour qui se fait attendre. Après toutes ces années à vous faire réveiller par un visiteur nocturne, voilà maintenant que vous resterez éveillée en espérant cette visite. Décidément, pas moyen d'avoir une bonne nuit!

Même si la période de l'adolescence peut s'avérer trouble, en contexte de famille recomposée, elle peut également être intéressante. Particulièrement pour vous qui avez peut-être été reléguée depuis longtemps au second rang. Souvent en confrontation directe avec ses parents, l'adolescent peut, du coup, vous signifier tout le capital de sympathie qu'il avait discrètement accumulé à votre endroit, et vous pouvez soudainement devenir une confidente. Il ne s'agit pas de devenir l'amie *cool*, complice de folies adolescentes ou la confidente jurée, «croix de bois, croix de fer», qui s'abstient de révéler une information importante aux parents biologiques. D'ailleurs, à ce propos, évitez de transgresser des règles sociales par solidarité avec un adolescent qui tente inévitablement de le faire; n'oubliez pas que vous demeurez une figure d'autorité. Par contre, vous pouvez être très utile en dédramatisant la situation, dans l'éventualité d'une confrontation avec son parent, qui est dans une position moins nuancée et souvent plus rigide due à la pression des responsabilités. Combien de fois ai-je été surprise de constater le bon sens de ma fille adolescente grâce à mon conjoint qui faisait alliance avec elle! Combien de fois cette complicité a-t-elle même pu désamorcer une confrontation! Mon conjoint, pouvant se permettre d'adopter une position plus souple, clarifiait ce que ma fille exprimait maladroitement, ou relativisait l'ampleur des risques que je percevais.

De plus, surtout si vous êtes un beau-parent du même sexe que celui de l'adolescent, vous pouvez devenir une figure importante à ses yeux. Le jeune, souvent trop gêné pour confier certaines choses à ses propres parents, pourra facilement se tourner vers vous. Évidemment, comme je viens de le mentionner, ne gardez pas pour vous les confidences qui pourraient nuire à son intégrité physique ou psychologique et avisez-le que vous ne le ferez pas. Par contre, n'hésitez pas à partager un petit jardin secret tout en étant de bon conseil.

La période adolescente peut également être synonyme de grands changements dans la famille recomposée. En effet, les enjeux qui étaient mis entre parenthèses ou encore les situations latentes peuvent faire surface. Le jeune pourrait être tenté, par exemple, d'aller vivre chez son autre parent non gardien. Son motif serait certainement de mieux le connaître, mais il pourrait également penser en retirer des bénéfices secondaires. Si, en l'occurrence, ce parent non gardien a toujours été plus permissif, l'adolescent croira, à tort ou à raison, pouvoir bénéficier de plus de liberté. Inversement, peut-être que ce sera vous qui accueillerez à temps plein l'enfant de votre conjoint. Dans un cas comme dans l'autre, assurez-vous, auprès du parent, que les attentes sont claires de part et d'autre et que le jeune est engagé pour une certaine période afin d'éviter la chaise musicale.

Comme beau-parent, que le jeune s'éloigne ou se rapproche de votre famille, cela peut générer du stress, de la culpabilité, mais aussi du soulagement. Encore une fois, soyez consciente de vos émotions sans les juger. N'hésitez pas à soutenir votre conjoint si c'est lui qui est aux prises avec des émotions intenses. Dans les cas où c'est la mère qui voit son ado s'éloigner, cela peut lui sembler très difficile. Ce scénario, un peu plus classique, est effectivement souvent vécu très douloureusement. La mère non préparée à cet éloignement, qu'elle perçoit comme prématuré, peut vivre un véritable deuil. La tristesse et les pleurs reliés au deuil sont d'ailleurs l'expression d'une séparation pour laquelle nous ne sommes pas préparés. Peu importe, si c'est votre cas, pour peu que vous soyez patiente, le petit «déserteur» sera peut-être de retour au bercail plus vite que vous ne le croyez. Sinon, vous développerez de nouvelles façons d'être en contact avec lui.

L'adolescence peut en outre devenir l'occasion de rompre complètement les liens avec l'un ou l'autre des parents. Ce geste, plus sérieux, peut être motivé par la perception, vraie ou fausse, que le jeune peut avoir face à la supposée incompétence de ce parent. Il est à espérer, toutefois, que la rupture ne soit pas provoquée par un phénomène d'aliénation parentale.

En définitive, si l'adolescence apporte son lot de défis, cette période engendre également son lot de surprises qui peuvent se révéler positives. Et puis, dans l'ensemble, si vous avez toujours eu de bonnes relations entre vous tous, pourquoi faudrait-il que l'adolescence soit absolument un passage difficile? Si vous n'êtes pas encore à ce stade, n'appréhendez rien et vous verrez de vous-même.

Les affinités

Même en prenant en compte le contexte ayant précédé votre rencontre avec l'enfant ou la fréquence à laquelle vous le côtoyez et même en tenant compte de l'âge de celui-ci, la force de votre lien beau-parent/enfant est d'abord et avant tout une question d'affinités. Si vous sympathisez naturellement avec des garçons parce que vous vous sentez compétente à interagir auprès d'eux, un enfant de sexe masculin peut contribuer à faciliter votre relation. Si le bambin de votre partenaire, tout comme vous, a un tempérament calme et contemplatif, cette affinité sera un atout majeur dans les liens que vous allez former. Il en va de même si certains de ses goûts ressemblent aux vôtres. Par contre, si, à vos yeux, cet enfant représente le «mystère du triangle des Bermudes», qu'il a un tempérament diamétralement opposé au vôtre et que vos goûts sont aux antipodes, il est normal que l'amorce de votre relation soit plus lente. Toutefois, avouons que la rencontre d'une personne aussi éloignée de vous est peu probable et que, de toute façon, il ne faut pas oublier qu'il s'agit d'un enfant dont la structure de personnalité est en pleine formation.

L'enfant est en perpétuel changement, méfiez-vous donc des étiquettes que vous pourriez lui apposer. Même si vous avez affaire à un enfant qui vous confronte, dites-vous qu'il est tout désigné pour vous faire travailler sur vous-même. En attendant, acceptez vos différences et acceptez le fait de ne pas avoir d'affinités avec lui. Prendre conscience de cela peut vous enlever beaucoup de pression. En contrepartie, il est également possible qu'il en soit totalement différent avec son frère ou sa sœur, envers qui vous pourriez avoir eu un élan naturel et développé un attachement rapide. Eh bien, c'est ainsi. Qui a dit qu'il fallait aimer tout le monde en même temps, à la même vitesse, de la même manière et pour les mêmes raisons ? Acceptez la réalité comme elle est, sans culpabiliser.

Ajoutons ceci : un enfant peut développer des particularités comportementales et caractérielles lorsqu'il est aux prises avec une problématique spécifique. Ces comportements peuvent alors en être fortement influencés. Prenez, par exemple, le diagnostic très répandu du déficit de l'attention avec ou sans hyperactivité. Il n'est pas toujours facile de composer avec les symptômes de ce problème de santé, surtout lorsque vous n'y êtes pas préparée ou habituée. Soyez à l'écoute des conseils du parent biologique qui est souvent devenu un expert dans la gestion du problème de son enfant. N'hésitez pas non plus à vous informer en faisant appel à d'autres ressources afin d'être plus compétente pour interagir auprès de lui. Ce surplus d'énergie vous demandera un effort, mais un effort moindre que les conflits qui pourraient être générés par votre incompréhension du problème.

Où vous situer en fonction de vos rôles parentaux selon que vous soyez un homme ou une femme?

Tentons maintenant de mettre en lumière certains aspects propres aux deux sexes. Notez bien qu'il est loin d'être exclu que certaines réflexions mises de l'avant pour l'un comme pour l'autre soient en réalité pertinentes.

Au préalable, attardons-nous à un peu de vocabulaire. Votre style de cohabitation peut prendre plusieurs formes. Si vous êtes une femme et que vous vivez avec vos enfants et un nouveau conjoint, on dira que votre famille est de type matricentrique. Inversement, si vous êtes un homme et que vous vivez avec vos enfants et une nouvelle conjointe, on dira plutôt que votre famille est de type patricentrique. Dans l'une ou l'autre de ces situations, vous pouvez considérer que votre famille recomposée est de type simple. Si, toutefois, vous vivez avec des enfants appartenant aux deux membres du couple (à temps plein ou à temps partiel), on dira alors que votre famille recomposée est de type mixte. Mais, peu importe le langage employé et l'organisation de votre mode de cohabitation, cette famille est la vôtre, et c'est tout ce qui compte.

Avoir une nouvelle conjointe : être père, beau-père ou les deux à la fois

La fonction du père consiste à rendre l'enfant autonome et indépendant. Cette réalité influence également la fonction du beau-père. L'exemple suivant illustre bien ce fait.

Colin, quatre ans, vit avec sa mère Carine et son beau-père Jean. Un soir, le couple reçoit des invités à la maison. Colin va voir sa mère pour lui demander un verre d'eau. Celle-ci, en grande conversation, l'incite à aller voir Jean. Ce dernier, plutôt que de se lever, lui dit qu'il est assez grand pour se servir seul. Il lui explique qu'il n'a qu'à tirer le banc de la salle de bain afin de saisir le verre qu'il pourra remplir d'eau.

Voyez comment cette situation, lorsqu'elle n'est pas mise dans le contexte des fonctions parentales, peut générer des incompréhensions et des accusations mutuelles. Carine aurait très bien pu être offusquée en pensant que Jean ne veut pas faire d'effort. Ainsi, elle ne remarquerait pas à quel point son comportement peut contribuer à augmenter l'autonomie de Colin.

Même si cette fonction est immuable, les rôles[9] occupés par le père ou par le beau-père sont, quant à eux, très variés. La révolution féminine a permis un décloisonnement des rôles au sein de la famille. Force est de constater que plusieurs hommes assument maintenant des tâches qui étaient traditionnellement destinées aux femmes. Malgré cela, si vous observez la famille, et particulièrement la position du père dans notre société, vous constaterez que même si certains éléments empruntent aux changements, d'autres se figent dans une vision plus conventionnelle de la famille. En considérant que plusieurs pères sont prêts à prendre davantage de responsabilités et que plusieurs mères encouragent ce fait, ceux-ci sont fréquemment confrontés à des obstacles. Le fait que la mère est très souvent considérée comme le parent premier ou le parent psychique influence les comportements sociaux. Cette réalité ne facilite pas toujours les initiatives paternelles, car les pères sont parfois mis à l'écart.

---

9. Les rôles sont aussi multiples que variés ; exemples : préparer les repas, donner le bain, faire faire les devoirs...

Si vous ajoutez le spectre du parent agresseur sexuel qui plane encore comme une ombre au-dessus des têtes, cela n'aide en rien. Ajoutons que les nouveaux pères n'ont pas de modèle de référence et leur rôle a davantage été défini par les femmes que par eux-mêmes ; celles-ci, en effet, ont tendance à définir ce qu'est un «bon» parent à partir d'un point de vue purement maternel, obnubilant du même coup la fonction du père. En fait, les pères sont comme assis entre deux chaises, voilà pourquoi ils reçoivent des messages qui les incitent au changement, en même temps qu'ils perçoivent des signes qui les poussent à se cantonner dans la tradition.

Plusieurs d'entre eux ressentent encore la pression d'être, d'abord et avant tout, un père pourvoyeur. Héritiers d'un rôle en pleine transformation, beaucoup ne savent plus où se situer et comment établir l'équilibre entre deux pôles d'attraction. Dans plusieurs situations, plus ou moins subtiles, le phénomène du père pourvoyeur est effectivement encore très palpable. Prenez, par exemple, un couple qui reçoit pour le dîner. La femme aura tôt fait de se préoccuper de l'état des lieux, tandis que l'homme s'intéressera davantage à la qualité de la bouteille de vin. L'une fait l'étalage de sa compétence de «ménagère», et l'autre de sa richesse. Petit détail, j'en conviens, mais qui en dit long.

Dans la foulée des changements qui accompagnent le rôle du père, il y a justement le fait qu'il devra souvent faire face à plusieurs transitions, passant de père à père monoparental et, finalement, à beau-père. Au bout du compte, s'il n'est pas facile pour les pères actuels de définir leur place, imaginez ce qu'il en est pour les beaux-pères !

Bien que, pour plusieurs d'entre eux, la pression sociale qui contribue à faire du père un pourvoyeur soit grande ; bien que les milieux de travail dans lesquels ils évoluent soient encore très conventionnels ; et bien que cela contribue parfois au fait qu'ils s'impliquent peu ou pas au sein de la vie familiale, dans le cas d'un père vivant avec une nouvelle conjointe, le fait de moins s'impliquer dans les tâches familiales n'est pas souhaitable. En effet, surtout au début de la vie en famille recomposée, l'implication paternelle est importante. Si, par exemple, le père laisse sa nouvelle conjointe assumer toutes les responsabilités familiales et les soins à prodiguer à ses enfants, cela peut être très difficile pour elle. Ayant elle-même à s'adapter à son rôle de belle-mère, il sera moins évident d'intervenir auprès des enfants de son conjoint qu'il le serait d'intervenir auprès des siens (si elle en a). Dans ces circonstances, la belle-mère aura besoin du soutien de son partenaire afin qu'il assume certains rôles et démontre à ses enfants toute la confiance qu'il lui porte. C'est un peu comme si, par analogie, un entraîneur qui désire passer le flambeau à quelqu'un d'autre présentait, à son athlète, un collègue. Même si les techniques du nouvel arrivant diffèrent, votre entraîneur devra démontrer à son athlète qu'il est compétent et que celui-ci peut lui faire confiance. De cette façon, la délégation de pouvoir se fera beaucoup plus facilement.

De plus, pour une belle-mère (comme pour un beau-père d'ailleurs), s'impliquer avec zèle auprès des enfants, alors qu'elle n'a pas totalement développé de liens significatifs avec eux et bien souvent sans avoir de gratitude de leur part, relève du véritable don de soi. C'est génial, mais pas toujours réaliste. Donc, Messieurs, ne jetez pas la serviette, faites votre part et évitez surtout de laisser votre partenaire seule au milieu de l'arène.

De la même façon qu'il n'est pas conseillé de laisser votre conjointe se débrouiller seule avec les soins à prodiguer à vos enfants, il n'est pas conseillé non plus de l'exclure totalement de tout processus décisionnel les concernant. Dans une volonté de ne rien vouloir lui imposer, mais surtout, bien souvent, de vouloir surprotéger vos enfants ou de ménager la susceptibilité de leur mère, la belle-mère peut se retrouver complètement écartée. Le fait d'avoir une bonne entente avec la mère biologique de vos enfants est une bénédiction pour votre petit monde. Et il est vrai, en définitive, que les décisions importantes concernant votre progéniture vous reviendront toujours de droit.

Par contre, vous ne pouvez pas faire abstraction du fait qu'une nouvelle femme partage maintenant votre vie. Cette dernière est forcément impliquée, à un degré ou à un autre, auprès de vos enfants. Si vous ne lui laissez que peu de place pour s'impliquer auprès d'eux, en ne lui déléguant rien même si elle en manifeste le désir, vous envoyez à vos enfants le message suivant: «Je ne pense pas que votre belle-mère est assez compétente pour s'occuper de vous.» Ce serait alors comme demander à un entraîneur d'être présent sans qu'il puisse exercer sa fonction. Quel respect l'athlète peut-il avoir d'un tel entraîneur?

Lorsque les décisions à prendre ont un impact sur votre vie familiale, votre conjointe devrait être consultée. Par exemple, vous pourriez décider, avec la mère de vos enfants, qu'il serait bon que Sandrine suive des cours de théâtre afin de combattre sa timidité. Par contre, ces cours de théâtre ont lieu le dimanche soir, à l'heure du repas, et cela interrompt le seul moment où tous les membres de votre famille sont réunis pour manger ensemble. Difficile de ne pas impliquer votre partenaire dans la décision au risque de lui imposer et de lui faire subir toute la situation. Il est vrai que le fait de l'impliquer peut parfois être difficile. Cela peut vous donner l'impression d'être pris entre deux feux, entre les désirs de votre partenaire et ceux de la mère de vos enfants. Une telle situation génère beaucoup de stress et pourrait vous donner envie de démissionner. N'en faites rien car, de toute façon, des décisions se prendront avec ou sans vous – toutefois, les absents ont toujours tort... Bref, n'hésitez pas à exprimer vos sentiments. Par la suite, écoutez les besoins de part et d'autre tout en mettant en perspective ceux de vos enfants. Pesez les pour et les contre, soyez à l'écoute de vos propres besoins, ne censurez pas vos pistes de solutions potentielles, écoutez les propositions des autres, négociez en tenant compte de leurs besoins et prenez une décision !

Il n'y a rien de pire que de laisser la situation s'enliser dans un flou décisionnel. Votre propension à reporter l'échéance de votre prise de position est probablement en lien avec votre peur de décevoir, mais plus vous attendez, pire ce sera. Donc, une fois que la décision est prise, assumez-la et énoncez-la clairement. Vous pouvez dire quelque chose comme : «Je sais que ma décision va te décevoir [vous êtes à l'écoute de l'autre], mais je ne me respecterais pas [vous parlez de votre besoin : être respecté] si je n'agissais pas en mon âme et conscience, après avoir pesé le tout, en ne tenant pas compte de ceci ou de cela. Dans les circonstances, j'ai pris telle décision, je te demande de respecter cette décision [demande claire], est-ce que je peux compter sur toi [toujours à l'écoute de l'autre] ?» Inutile de justifier à outrance votre décision et n'ayez pas peur de susciter des déceptions. Vous serez peut-être malhabile au début, mais persévérez, car l'habileté se développe avec la pratique et le succès croît avec l'usage. Inversement à l'alcool, vous pouvez en abuser. Enfin quelque chose dont on peut abuser qui n'est pas cher, mauvais pour la santé ou illégal !

Bref, que vous soyez un père vivant avec une nouvelle conjointe, un beau-père ou les deux à la fois, votre implication est «l'atout de l'as de trèfle» et celle d'impliquer votre conjointe, «l'atout de l'as de cœur» !

Avoir un nouveau conjoint : être mère, belle-mère ou les deux à la fois

Elle la trouva dans le bois et lui offrit une pomme empoisonnée... Elle les amena dans la forêt afin de les perdre... Elle la força à laver le plancher sous les yeux moqueurs de ses deux méchantes belles-sœurs. Ça vous dit quelque chose ? Pas étonnant que le rôle de la belle-mère soit peu enviable face à de tels contes ayant imprégné l'inconscient collectif. Et que dire d'*Aurore, l'enfant martyre*. À côté de cette histoire, le célèbre film d'horreur *Aliens* devient un conte pour enfants qui n'effraye plus personne. À une certaine époque, l'appellation « marâtre » désignait la belle-mère ; aujourd'hui, mieux vaut s'appeler « Monica la mitraille » plutôt que de se faire appeler « marâtre ». Bref, hériter du rôle de belle-mère n'est pas comme hériter d'une promotion honorifique même si plusieurs d'entre elles la mériteraient.

Complémentaire à la fonction du père, la fonction de la mère consiste davantage à protéger l'enfant. Celui-ci pourra alors développer un sentiment de confiance et de sécurité essentiel à son développement. Sa fonction se rapporte beaucoup à la notion de « prendre soin » (notion de *caring* en anglais). Cette propension incite les mères, comme les belles-mères, à se sentir très impliquées dans l'organisation du foyer et l'harmonie des relations familiales. Dans un tel état d'esprit, les belles-mères auront tendance à faire beaucoup d'efforts et de compromis afin que la relation qu'elles entretiennent avec les enfants de leur conjoint soit bonne. Si c'est votre cas, c'est probablement tout à votre honneur.

Par contre, si aucune gratification ni aucun renforcement positif ne se manifestent (ce qui est fort probable) et que vous ne vous ressourcez pas, vous aurez bientôt tendance à vivre des émotions négatives. Tout votre volontarisme pourrait se transformer en ressentiment. Encore une fois, ayez l'honnêteté de re-connaître vos émotions. Donnez-vous la permission d'éprouver des émotions peu réjouissantes à un moment précis en sachant qu'à d'autres moments vous pouvez choisir de vivre autre chose. Chassez la culpabilité en mettant en perspective ce que vous vi-vez. Faire une telle chose vous permettra de retrouver votre bonne volonté.

Tout compte fait, il vaut mieux désamorcer les émotions con-traignantes avant qu'elles se créent. L'énergie investie afin de créer de bonnes relations avec vos beaux-enfants est essentielle. Par contre, comme on dit souvent : « Trop, c'est comme pas assez. » Il faut que vous sachiez doser. Mettre en place l'atmosphère pro-pice à la bonne entente est bien, mais faire une organisation digne du Cirque du Soleil, c'est trop. En fait, il faut que vous soyez prête à mettre l'énergie qui vous fait vraiment plaisir. Vous aimez les enfants et il vous fait plaisir d'aller à la plage avec eux, faites-le ; vous aimez voir les tout-petits rigoler lors d'une fête d'enfants, organisez-la ; vous aimez voir votre conjoint heureux lors d'une sortie familiale, participez-y ; vous êtes heureuse de savoir que l'on vous aime et d'avoir une image positive de vous-même, allez-y, tapez-vous la corvée d'assister à ce match de football. Tant que vous conscientisez que ce que vous faites, vous le faites en réalité pour vous, tout est OK. De plus, tant que vous ne vous imposez pas de faire des choses qui ne vous conviennent pas du tout, tout est encore OK.

Par contre, parfois, les besoins que vous désirez combler face à vous-même dépendent de la réaction spécifique de l'enfant de votre conjoint. Vous pourriez vouloir qu'il vous montre un signe de reconnaissance ou encore qu'il soit très joyeux à votre con-tact. Attention, danger ! Vous avez alors un projet implicite à son sujet, ce qui implique un jeu de pouvoir entre vous deux. L'enfant s'opposera en adoptant le comportement inverse.

De plus, plusieurs femmes ont également tendance à en faire trop par peur que leur conjoint ne les aime plus. En effet, elles craignent que ce dernier ne les aime uniquement que pour leur qualité de «mère nourricière».

Afin de vous aider dans votre désir d'avoir une relation harmonieuse avec les enfants de votre conjoint, je vous propose les points de repère suivants.

- Sachez doser votre énergie.

- Acceptez de reconnaître ce que vous faites pour vous-même.

- Restez le plus possible dans des zones de plaisir.

- Refusez ce qui vous déplaît souverainement.

- Diminuez vos attentes implicites.

- Comblez vos besoins différemment au cas où «il n'y aurait pas de service au numéro que vous avez composé» (ce dernier point représente le plus grand défi).

Afin de l'illustrer, voici un exemple.

Lisette, belle-mère de Carine, huit ans, est très frustrée parce que cette dernière ne semble pas apprécier, une fois de plus, le cadeau qu'elle lui a offert. Pas plus, d'ailleurs, qu'elle ne semble apprécier aucune de ses attentions. Après avoir reconnu sa frustration, Lisette réalise qu'elle n'est pas satisfaite dans son besoin d'être aimée. Elle décide de parler à Carine (oui, oui, ça marche aussi avec les enfants qui apprendront d'ailleurs beaucoup à votre contact): «Carine, je suis très frustrée et peinée que tu aies mis mon cadeau de côté et que tu ne m'aies même pas remerciée. Je me rends compte que j'aimerais que tu aies de l'affection pour moi. J'apprécierais, dorénavant, que tu penses à me remercier.» Carine répond alors d'un ton sec (son apparente fermeture ne l'empêche pas d'avoir bien compris le message) : «Je peux bien te remercier, mais tu ne m'obligeras jamais à t'aimer, tu n'es pas ma mère!»

Dans cet exemple, Carine ne répond pas au besoin de Lisette, donc il n'est pas comblé. Remarquez que Lisette pense que son besoin consiste à être aimée *par* Carine. C'est une erreur de penser qu'un besoin ne peut être comblé que d'une seule façon ou par une seule personne. Cette façon de voir les choses ne correspond pas à la réalité. Donc, devant le refus de Carine, Lisette doit appréhender la réalité différemment. Elle a besoin d'être aimée oui, mais doit-elle l'être absolument par Carine? Non. Lisette est aimée par Martin, son conjoint, par Rosalie et Aline, ses filles, et par Bruno, son beau-fils. Pour l'instant, du moins en apparence, Carine n'aime pas Lisette, mais ce n'est pas dramatique, puisque Lisette peut combler son besoin d'amour avec d'autres personnes. Elle va devoir apprendre à vivre avec l'animosité d'un membre de sa nouvelle famille. Tout comme dans les familles traditionnelles, les membres des familles recomposées ne sont pas obligés de s'aimer avec la même intensité et en même temps. Parlez-en à certains frères et sœurs de votre entourage. Ce qui dérange ici, c'est le poids inconscient de l'amour inconditionnel qui devrait régner entre parents et enfants, et on aura tendance à projeter beau-parent et enfants dans cette vision.

Vous pensez que j'en ai fini avec les belles-mères? Eh bien, non. Nous avons abordé la notion selon laquelle les mères ou les belles-mères étaient préoccupées par le fait d'avoir des relations harmonieuses. Mais n'oubliez pas qu'elles ont également tendance à être préoccupées par l'organisation du foyer. Ce souci peut subtilement se transformer en besoin de contrôle, en particulier si elles ont, par le passé, toujours tout assumé à l'égard du foyer. Cette habitude qui risque donc d'être reproduite au sein de la famille actuelle crée un problème. Si elles ont pu, au fur et à mesure du temps qui passe, réguler les activités quotidiennes et déterminer les us et coutumes de la maison, ce ne sera pas le cas avec les membres de leur nouvelle famille. Loin d'être la «reine mère» autour de laquelle bourdonnent harmonieusement les petites abeilles, il y aura, comme dit justement mon beau-fils, «un *bug* dans la matrice»!

Si vous pensez que les serviettes se plient nécessairement de telle façon, que les bottes se rangent à tel endroit, que les dents se brossent deux fois par jour et que les mains se lavent avant les repas; ou encore si vous pensez que le beurre ne se met pas au frigo, qu'on ne mange pas dans le salon ou que les chats ne dorment pas dans les lits, eh bien, détrompez-vous! Vous allez vite perdre vos illusions et, progressivement, faire des ajustements avec votre conjoint. Au début, tous ces ajustements pourront vous paraître laborieux, voire décourageants, mais avec le temps, votre nouvelle famille aura redéfini ces façons de faire. En attendant, il vous faut faire preuve de souplesse. Même si renoncer à certaines habitudes n'est jamais facile, gardez l'esprit ouvert. Apprenez, par exemple, à faire cuire les hot dogs en faisant bouillir les saucisses et rôtir le pain plutôt qu'en faisant griller ces mêmes saucisses tout en faisant le pain à la vapeur. Même si vous mangez peu de *fast food*, on ne sait jamais, peut-être allez-vous aimer cela.

Dans les circonstances, il est important de déterminer des zones d'accommodements raisonnables. N'oubliez pas que pour les enfants de votre conjoint, vos manières de faire peuvent être mal perçues. Imaginez que je vous sers un verre de jus de pomme. Vous le prenez et avalez une grande gorgée pour vous apercevoir qu'il s'agit en fait d'un jus de raisin blanc. Vos sourcils se froncent et vous faites la moue. Cela témoignerait du fait que vous avez saisi la ruse. Il y a fort à parier que vous dénoncerez le subterfuge sans attendre. Je trouve qu'il en est un peu ainsi pour les enfants. Ils ont passé leur vie à se faire dire que les choses se font d'une certaine manière. Et, tout à coup, tout ce qu'ils goûtent, entendent, voient et sentent change dans ce qu'on appelle encore pourtant un repas, une maison, une famille. Donc, allez-y mollo et dites à la reine mère en vous de prendre des vacances (en plus, elle le mérite bien).

Tout comme les pères, si vous êtes une mère ayant un nouveau conjoint, assurez-vous de lui laisser une certaine latitude dans l'éducation de vos enfants. Acceptez qu'il s'implique et accueillez sa façon différente d'intervenir. Votre façon de lui faire confiance aura également un impact important sur sa relation avec vos enfants. Toutefois, ne bousculez pas les choses en forçant les contacts entre votre conjoint et ceux-ci ; sachez respecter le rythme auquel évoluent leurs relations. N'oubliez pas que les hommes ont moins tendance à faire des fioritures. Ne vous offusquez pas. Ce n'est pas parce que votre conjoint est peut-être moins attentionné que vous ne l'êtes, ou que vous pensez qu'un «père» devrait l'être, que les liens ne se développeront pas. À ce propos, voici une tranche de mon vécu.

Ma fille avait six ans lorsque j'ai commencé à vivre avec mon nouveau conjoint. Même s'il régnait une bonne entente entre eux et qu'ils s'accordaient mutuellement du respect, leurs relations étaient plutôt tièdes. Pour ma part, j'avais un peu l'impression d'avoir deux vies parallèles. Comme je rentrais plus tôt que mon conjoint, je passais tout mon début de soirée avec ma petite, l'aidant ainsi dans ses devoirs et lui préparant son repas. Par la suite, lorsque mon conjoint arrivait vers 19 h, ma fille vaquait à ses occupations et écoutait quelques émissions pendant que nous prenions le repas ensemble. Ensuite, je m'éclipsais pour faire prendre le bain à ma petite et la border pour son dodo, et enfin je revenais auprès de mon conjoint. Même si ma fille semblait rassurée par la présence de son beau-père et que celui-ci appréciait ma fille, je trouvais leur relation pour le moins distante. Je me suis longtemps interrogée, pour ne pas dire inquiétée, du fait qu'il n'en était pas autrement. Bien entendu, les moments qui sortaient de la routine du quotidien étaient plus conviviaux, mais j'étais très souvent le fil conducteur entre les deux.

Un jour, environ quatre ans plus tard (je sais, c'est long et pourtant je ne suis pas patiente), ma fille a été victime de harcèlement dans la cour d'école (dure, dure, la cour de récré). Un jeune se moquait constamment d'elle et le problème persistait depuis des mois. Non violente de nature et déjà friande des techniques de communication et de résolution de problèmes (je n'ai pas changé), j'essayais d'accompagner, tant bien que mal, ma fille dans la recherche de solutions. Par contre, j'étais trop centrée sur celles-ci, ce qui m'empêchait d'être à l'écoute de sa grande détresse. À un moment, un événement plus sérieux s'est produit; la situation est allée trop loin. Me voyant toujours embourbée dans mes techniques (on gagne en expérience), mon conjoint s'est fâché, prenant ainsi la défense de ma fille. Il a fait ni une ni deux, il a tracé des limites claires et enjoint ma fille à se défendre. À partir de ce moment, comme une lumière qu'on allume, le lien entre eux s'est solidement soudé et leur relation s'est mise à exister sans que j'y sois pour quelque chose. Aujourd'hui, ils sont de connivence et s'apprécient mutuellement. Comme quoi je m'en faisais pour rien. Quant à cette histoire, comme dans tout, on peut dire: «Est-ce un bien, est-ce un mal, qui le sait?!»

Cette situation illustre à quel point les liens ne s'imposent pas, mais qu'ils se construisent le plus souvent au fil du temps.

Avant de terminer sur ce point, il est important de noter que, de façon générale, les hommes auront plutôt tendance à offrir leur aide et leur soutien par des gestes concrets que par des paroles. Donc, ne vous attendez pas nécessairement à ce que votre conjoint discoure longuement avec vos enfants, mais ne soyez pas surprise s'il les aide spontanément à construire leur cabane de bois.

Où vous situer dans votre implication auprès des enfants de votre partenaire ?

Les étapes

Avant de parler de votre niveau d'implication auprès des enfants de votre conjoint, il serait important de comprendre que la famille recomposée traverse différentes étapes. Bien que je n'aime pas tellement schématiser de tels processus, la conceptualisation s'avère nécessaire à la compréhension des phénomènes humains. Celle-ci donne des points de repère qui peuvent vous éclairer et vous orienter, ici, sur votre rôle en tant que beau-parent. Une chercheuse américaine, Patricia Papernow[10], a écrit des choses pertinentes au sujet des étapes que traverse la famille recomposée. L'auteure Gisèle Larouche[11] a bien su vulgariser ces mêmes étapes, en ayant eu l'originalité de les comparer aux quatre saisons. Pour ma part, je vous propose de les

---

10. P. PAPERNOW. *Becoming a Stepfamily. Patterns of Development in Remarried Families*, San Francisco, Jossey-Bass, 440 p.
11. G. LAROUCHE. *Du nouvel amour à la famille recomposée : la grande traverse*, Montréal, Éditions de l'Homme, 2001, 258 p.

illustrer à travers l'histoire de la famille Duchesne-Laforest. L'appellation de chacune des étapes est une adaptation libre de ma part.

Étape 1 : la promenade dans les bois

Marc Duchesne est père de deux enfants, Laurie, deux ans, et Mathieu, six ans. Il est divorcé depuis six mois. Il voit ses enfants un soir par semaine et une fin de semaine sur deux. Ginette Laforest, quant à elle, a trois enfants : Tomas, vingt ans, né d'une première union, Maxime et Sandrine, qui ont respectivement sept et dix ans. Elle est séparée du père de ses deux derniers enfants depuis deux ans. Elle a la garde complète de ceux-ci et voit régulièrement Tomas qui vit avec des copains.

Marc et Ginette se sont connus au travail. Ils sont devenus follement amoureux ; les oiseaux chantaient dans la tête de M. Duchesne et les papillons virevoltaient dans l'estomac de Mme Laforest ! Cela faisait trois mois qu'ils « planaient » au-dessus des arbres. Ils se fréquentaient de plus en plus en dehors de leur milieu de travail, ayant même commencé à se voir les fins de semaine. Leurs enfants se sont rencontrés et les activités communes se sont multipliées. Ils étaient ravis de constater à quel point tout se passait bien. En effet, Mathieu et Maxime jouaient ensemble et Sandrine était heureuse de câliner Laurie qu'elle prenait un peu pour une poupée. Au bout d'un certain temps, les amoureux en ont eu marre de faire la navette entre deux demeures et ils ont commencé à envisager la vie en commun. Ils n'étaient pas sans savoir que cette étape nécessiterait quelques ajustements. D'ailleurs, Marc avait remarqué que Maxime était parfois impoli et Ginette, que Laurie ne quittait pas son père d'une semelle. Après tout, ils s'en sentaient capables, ils en avaient vu d'autres et ils s'aimaient tellement ! La vie était si belle, douce comme une merveilleuse balade dans le bois par un après-midi ensoleillé.

Étape 2 : on bâtit la cabane entre deux arbres

La décision est prise, ils ont eu une formidable aubaine, une maison en tout point à leur goût, qu'ils ont finalement achetée pour emménager ensemble (après que Marc eut enfin pu sous-louer son logement et que Ginette eut finalement une offre pour son condo). Ni un ni l'autre n'avait remarqué à quel point la vie dans une maison était régie par des lois.

Amusons-nous à faire une analogie entre une maison et une cabane surélevée entre deux arbres construite par des jeunes. Pour certains, «Ne monte pas dans la cabane qui le veut n'importe quand»; pour d'autres, «On n'y laisse surtout jamais traîner d'effets personnels». Or, rappelons-nous que dans ce contexte, deux groupes (Duchesne-Laforêt) doivent partager l'espace. Ceux-ci s'observent mutuellement, et chacun détient ses propres codes secrets. En plus, aux moindres tensions, ils se replient sur eux-mêmes, car les membres sont solidaires les uns des autres.

Par contre, dans le groupe Duchesne, l'un d'eux se trouve très souvent en minorité ; Marc réalise qu'il est le seul chêne dans une forêt de peupliers. Il a alors tendance à se conformer aux règles de l'autre clan, non sans certaines insatisfactions. Au bout d'un moment, il a souvent l'impression de ne pas être chez lui. Il n'ose pas intervenir trop directement auprès de Maxime et de Sandrine, mais il fait pression auprès de Ginette afin que certaines choses changent. Celle-ci, habituée à un mode de fonctionnement avec ses enfants, est plutôt tentée de maintenir les choses telles qu'elles sont. Elle se sent souvent prise entre l'arbre et l'écorce; elle tente de répondre au besoin d'intégration de Marc, mais se retrouve souvent à faire alliance avec ses enfants contre lui. Lors des visites de Laurie et Mathieu, les alliances sont encore plus évidentes, formant effectivement deux clans distincts.

Le temps s'écoule et la tension ne cesse d'augmenter. Maxime et Mathieu se tapent sur les nerfs, ayant perdu toute bonne entente. Sandrine ne trouve plus du tout que Laurie ressemble à une poupée. Elle lui trouve maintenant plutôt l'allure d'un petit monstre prête à dévorer tous ses jouets. Passe encore si ce chaos se limitait aux relations entres les enfants, mais non! N'ayant plus l'exclusivité de l'attention de leurs parents et craignant de perdre leur amour, les enfants se sentent déstabilisés par la présence de leur beau-parent mutuel. Sandrine est bien prête à abattre «M. Du chêne» et Mathieu, à mettre le feu à Mme «La forêt». La seule personne qui fait l'unanimité est Tomas lorsqu'il vient leur rendre visite. Sinon, il n'y a pratiquement plus une journée qui s'écoule sans que des tensions éclatent; fini les balades sous le soleil! Les planchers tanguent et les murs craquent.

Étape 3: ça brasse dans la cabane: on rase ou on rénove?

Marc et Ginette sont stressés. Ayant déjà vécu une séparation, ils sont maintenant moins tolérants face aux tensions relationnelles. Par contre, ils sont prêts à mettre beaucoup d'énergie pour recréer une ambiance familiale agréable, car ils aimeraient bien, cette fois, que leur couple fonctionne. Mais ça ne peut plus continuer ainsi; les choses doivent changer. Marc et Ginette s'écoutent et communiquent; ils sont prêts à voir la réalité différemment. Le couple commence à former une réelle alliance, et les partenaires arrivent à négocier des terrains d'entente. Tout en demeurant à l'écoute de leurs enfants, ils font maintenant front commun face à ceux-ci. Ils sentent bien qu'ils n'ont pas le choix : «ça passe ou ça casse». De plus, ils commencent à mettre des limites claires quant à leur intimité et n'ont plus peur de s'afficher comme couple. Ils réaffirment leur volonté d'être ensemble et de s'engager.

Ils réalisent que leurs forces mutuelles sont des atouts pour une bonne rénovation de leur «cabane»; Marc possède «un bois de chêne qui est très solide» et Ginette apporte, contre les intempéries, «la protection de la forêt». Ils savent également que les travaux devront se faire en équipe, sans quoi ils échoueront. Les rénovations créent une dynamique nouvelle; la structure change et se transforme; il y a de l'action dans la cabane et ce n'est pas sans bouleverser quelque peu les habitudes.

Dans la foulée des transformations, Marc et Ginette s'assurent de faire participer leurs enfants et de prendre en compte leurs préférences et leurs goûts. Peu à peu, les tensions diminuent. Laurie n'a plus accès à certains jouets de Sandrine qui, elle, a rangé sa hache de guerre avec laquelle elle menaçait Marc; Marc, à son tour, se sent moins menacé d'être coupé et exclu de la forêt. D'ailleurs, en y pensant bien, il se sent effectivement davantage chez lui au sein de la cabane. Le plus gros des rénovations est fait. Même si quelques réparations sont toujours à effectuer par-ci, par-là, les travaux majeurs sont finis!

Étape 4 : la cabane resplendit

Le couple a réussi les travaux sans se ruiner. La décoration intérieure de la cabane est maintenant très différente, chacun ayant mis sa touche de couleur. Les arrangements, parfois originaux, leur ressemblent. Il n'y a plus deux différents groupes, mais un seul et même clan. Tous les membres interagissent sans intermédiaire. Maxime a découvert qu'il pouvait s'amuser avec M. «Du chêne» en grimpant dessus à l'occasion et Laurie réalise que Mme «La forêt» lui procure une bonne protection lorsque ça chauffe (émotionnellement ou, par analogie, à cause des rayons UV). Marc et Ginette sont heureux et fiers d'eux, ils ont même eu un petit garçon qu'ils ont prénommé Robin. Avec le recul, ils ont fait des constats. Marc a réalisé qu'il ne voyait plus «la forêt» lorsqu'il avait le nez trop collé sur l'arbre, et Ginette a remarqué qu'elle trouvait que tous les arbres se ressemblaient lorsqu'elle se perdait en forêt (donc en elle-même) !

Cette histoire, un peu enfantine, a par contre l'avantage de présenter une vue d'ensemble des étapes que doit traverser la famille recomposée et des difficultés que ce projet engendre. Selon Patricia Papernow, il faudrait à la famille entre quatre et sept ans pour traverser toutes ces étapes. Oui, vous avez bien lu, c'est long ! Mais ne vous découragez pas, car il ne s'agit que d'un point de repère. Et puis, pendant toutes ces années, cela ne veut pas dire que les membres seront malheureux. Il y a des hauts et des bas modulés par certaines routines. Évidemment, comme pour tout, les périodes de crise permettent souvent de faire un grand pas vers l'avant. Les familles peuvent faire des allers et des retours d'une étape à l'autre selon les événements ou être à plus d'une étape à la fois. En fait, l'important est de normaliser leur vécu. Et puis, sans vous en rendre vraiment compte, un beau matin, vous réaliserez que votre cabane resplendit. Toutefois, n'oubliez jamais qu'une famille n'est pas statique, elle est en perpétuel mouvement et en perpétuel changement.

La discipline

Jusqu'où dois-je intervenir auprès de tes enfants? Jusqu'où dois-tu intervenir auprès des miens? La discipline constitue un sujet délicat et complexe qui demande des réponses nuancées. Dans les familles recomposées, cette question peut être épineuse. Elle est souvent source de discorde entre les conjoints et provoque beaucoup d'inconfort et de questionnements chez les beaux-parents. Je ne prétends pas avoir toutes les réponses à ce sujet, mais je vous offre des pistes de réflexion qui, je l'espère, pourront vous éclairer.

L'adulte

Au début de la vie en famille recomposée, les enfants de votre conjoint vous sont plus ou moins étrangers. De toute façon, peu importe le niveau d'intimité que vous avez avec eux, il reste que ce ne sont pas vos enfants. Cette évidence freine quelque peu votre façon d'intervenir auprès d'eux. Vous vous gardez une «petite gêne», et c'est bien ainsi! En effet, vos enfants, eux, sentent que vous leur vouez un amour inconditionnel. Même lorsque vous les grondez et que vous pouvez avoir de petits écarts de conduite, ils savent à quel point vous les aimez. Toutefois, vous n'agissez pas de la même façon envers les enfants de votre partenaire.

Cela dit, ce n'est pas une raison pour tolérer n'importe quoi. Pour vous aider à vous situer, je vous conseille de quitter un peu votre position de beau-parent pour réintégrer votre position d'adulte. Si vous vous promeniez au milieu d'une rue et que vous voyiez deux enfants se battre violemment, que feriez-vous en tant qu'adulte? De la même façon, si un petit ami vient jouer avec votre enfant et que ce dernier fait des choses inacceptables, le laisseriez-vous faire? Non, vous interviendriez. Par contre, vous permettriez-vous de le punir? Il est probable que non. Alors, que feriez-vous? Il y a des chances que vous en parliez à ses parents. Je l'ai déjà dit, je crois que ça prend un village pour élever un enfant. Tous les adultes qui gravitent autour des enfants ont des responsabilités face à eux.

Pour avoir une relation harmonieuse et durable avec un enfant, votre niveau d'intervention doit être proportionnel à la force du lien qui vous unit. Je me souviens avoir déjà dit à mon conjoint: «Permets-toi d'intervenir sur le plan disciplinaire avec ma fille à la mesure de l'énergie et de l'amour que tu investis en elle.» Donc, se garder «une petite gêne» est sain. Par contre, il se peut que vous ayez tendance à être moins sévère avec les enfants de votre partenaire qu'avec les vôtres. Parce que vous êtes frustrée de ne pas pouvoir intervenir en toute liberté, vous pourriez peut-être être tentée, par exemple, de donner «une conséquence exemplaire» à vos enfants pour montrer à ceux de votre conjoint comment cela fonctionne avec vous. Ou encore, vous pourriez donner des conséquences équivalentes à toute la marmaille, mais en vous permettant un débordement verbal plus grand avec les vôtres, envers lesquels vous n'exercez pas d'autocensure.

Comme pour le petit ami qui joue à la maison, vos enfants comprendront, au début, que vous soyez plus réservée face aux enfants de votre conjoint. Par contre, si la situation persiste trop longtemps, ils auront toutes les raisons de se sentir lésés. Si vous êtes encore à l'étape «petite gêne», expliquez-leur que les choses n'en resteront pas là, car même si vous n'intervenez pas, leur parent le fera. Enfin, inévitablement, un jour ou l'autre, vous devrez passer à l'étape qui suit.

Le verre

Il est important, surtout au début, qu'un beau-parent s'abstienne le plus possible d'intervenir sur le plan disciplinaire auprès des enfants de son partenaire. En fait, plus les enfants sont vieux, plus il devra se faire discret. L'implication du beau-parent doit s'effectuer de façon graduelle. Cela dit, il est impossible, à moins d'être un saint, de ne pas intervenir du tout. En tant que conjointe et beau-parent habitant de la demeure, vous êtes forcément impliquée dans la vie commune. La différence, c'est qu'au début, en ce qui concerne les enfants, vous aurez tendance à intervenir de façon indirecte par l'intermédiaire du parent, puis tranquillement, de plus en plus directement auprès d'eux.

Mais comment arriver à faire cette transition ? Il s'agit, en effet, d'un processus délicat régi par un subtil équilibre. Ne stressez pas, je ne vous demande pas de devenir trapéziste. Seulement, je comparerais ce processus à un verre, qui symbolise votre relation avec l'enfant. Au début, le verre est inutilisé et vide. Puis, vous mettez un peu d'eau au fond. Cette eau symbolise de l'amour. Il vous faut donc commencer par mettre un minimum d'amour dans votre relation beau-parent/enfant. Surviennent alors des tensions entre vous deux. Ces tensions sont représentées par des petites pierres qui s'ajoutent à votre verre. Tant que ces tensions sont minimes, vous pouvez malgré tout continuer à verser de l'eau. Mais si elles s'accumulent (comme si vous ajoutiez davantage de petites pierres), l'eau que vous aurez mise va rapidement atteindre le bord du verre. Ce que j'appelle tensions peut varier. J'y inclus tout ce qui peut vous énerver dans votre relation. Dans ces conditions, vous ne pouvez plus ajouter d'eau puisque le verre est plein et qu'il va déborder. Pour en rajouter, il vous faudra enlever des pierres. C'est effectivement en enlevant celles-ci que vous libérerez de l'espace pour y remettre de l'eau.

En résumé, il vous faut de l'amour pour intervenir auprès des enfants de votre conjoint, et vous devriez intervenir à la mesure de la force de votre sentiment d'amour. Par contre, à un certain moment donné, si les tensions s'accumulent, il vous est impossible de mettre plus d'amour dans la relation. Alors, vous me direz peut-être : « Mais comment enlever les pierres ? »

Évidemment, ce n'est certainement pas en les passant au bulldozer (en faisant une terrible colère, par exemple) parce qu'effectivement il ne restera plus de pierres, mais il ne restera plus de verre non plus (la relation sera mise en péril). Bien entendu, vous pourriez vous défouler en discutant avec vos amis, votre beau-frère ou votre mère. Si leur écoute est bonne, à court terme, ça peut enlever quelques petits cailloux. Par contre, à moyen terme, cela ne fera pas une grosse différence. Sans compter que si, par leurs propos, ils augmentent l'animosité au lieu de la réduire, vous ajouterez des cailloux plutôt que d'en enlever. Voici les pistes que je vous propose.

- *Gérer l'émotion.* Je me répète : il ne vous sert à rien de nier les émotions pénibles que vous pourriez ressentir envers l'enfant. Si vous les niez, vous ne pourrez jamais vous en dégager. Prenez-en conscience comme le spectateur dans une salle de cinéma, sans vous sentir coupable. Par contre, si les émotions trop fortes deviennent envahissantes, il n'y a aucune chance que vous puissiez les ignorer. Dans ce cas, sortez de votre rumination en faisant ce choix consciemment et en le traduisant par une action concrète. Décidez de prendre congé de votre émotion en attendant les autres étapes. Faites l'effort de vous mobiliser en pratiquant un sport, une recherche sur Internet, en écoutant un film, bref, faites quelque chose qui capte votre attention et votre énergie. Sachez que toute votre énergie vitale va là où est votre concentration.

- *Changer de regard.* Permettez-vous de penser différemment aux événements à l'origine de votre contrariété. Imaginez maintenant que ceux-ci concernent vos propres enfants (neveux ou nièces préférés si vous n'êtes pas parent). Il est assez surprenant de constater jusqu'à quel point nous pouvons être tolérants face à nos propres enfants. Supposons que l'un d'entre eux ait utilisé votre brosse à dents, peut-être vous contenteriez-vous de pousser un soupir, sans plus. Peut-être, par contre, seriez-vous vraiment fâchée si c'était un enfant de votre partenaire qui était à l'origine de la bavure (au sens propre comme au sens figuré du terme). Donc, demandez-vous comment vous auriez réagi avec votre enfant. Il y a de grandes chances que cet exercice vous calme et vous permette d'être plus tolérante.

- *Parler avec votre partenaire.* Si l'amour était total et parfait, les mots ne seraient pas nécessaires. Mais, en attendant, il est important de faire part de vos contrariétés à votre partenaire, car cela vous délestera d'un poids. Parlez-en et parlez-en encore. Vous ne vous sentez pas plus légère ? N'ayez pas peur, quitte à être ennuyante, de revenir sur le sujet, car c'est signe qu'il y a encore des zones d'incompréhension.

- *Élaborer un geste de réparation.* Si l'enfant a été odieux ou irrespectueux, vous pouvez tenter de lui proposer un geste de réparation. En fonction de la qualité de votre relation, vous pourriez en discuter directement avec lui ou, selon les circonstances, en présence du parent. Évidemment, il ne s'agit pas de s'imposer avec force ou d'humilier l'enfant. Il s'agit de le responsabiliser en citant des faits qui mettent en évidence l'aspect affligeant de ses comportements et en lui demandant comment il pourrait réparer le tout. Vous serez souvent surprise des propositions de l'enfant. Vous pourriez avoir droit, par exemple, à de sincères excuses ou à une corvée qu'il assumera lui-même. Cette tactique sera d'autant plus efficace si vous l'utilisez également lorsque c'est vous qui gaffez. Par contre, si l'enfant n'est pas du tout réceptif, abandonnez l'idée et parlez-en plutôt avec le père afin que celui-ci applique une conséquence si cela est nécessaire.

- *Affirmer clairement vos limites.* Si vous voulez être respectée par les autres, il faut vous respecter vous-même. Afin que cela puisse être possible, il ne faut pas avoir peur de mettre vos limites. Pour les afficher clairement, prenez le temps d'y réfléchir. Cela vous permettra de réaliser que vous n'acceptez pas que l'on touche à certains de vos objets, que vous ne tolérerez pas que l'on utilise certains mots ou comportements. Évidemment, si votre liste est aussi longue que la cravate au cou d'une girafe, questionnez-vous. Du reste, le fait d'affirmer vos limites vous soulagera.

- *Parler à l'enfant.* Même s'il démontre peu de réceptivité, le fait de parler de vos contrariétés à l'enfant est efficace. Cette tentative de communication lui permet de faire des apprentissages importants. Par contre, il faut savoir aller à l'essentiel et utiliser un langage adapté à son âge. De plus, il ne faut pas s'attendre à une manifestation d'empathie de sa part. Les enfants ne sont pas en mesure d'appréhender le monde de la manière dont les adultes le font. Souvenez-vous à quel point vous avez compris certaines choses seulement lorsque vous êtes vous-même devenue adulte. Enfin, cette tentative est intéressante, car le fait de vous exprimer, même de façon limitée, sera, à tout le moins, une libération pour votre esprit.

- *Agir comme avec vos propres enfants.* Ce dernier point, mais non le moindre, est important. Nous avons vu qu'il est normal, surtout au début, d'agir avec retenue envers les enfants de votre partenaire tout simplement parce que vos liens ne sont pas développés. Le problème, c'est qu'à un certain moment le fait d'agir de façon différente à leur endroit vous empêche de développer ce fameux lien. Ce qu'il y a d'intéressant est que les enfants eux-mêmes peuvent très mal vivre le fait d'être traités différemment. En effet, ils peuvent percevoir votre attitude comme un rejet de votre part. Ils peuvent se dire : «Elle ne m'aime pas suffisamment pour me traiter comme ses enfants» ou «Je ne suis pas assez important pour qu'on m'impose une conséquence». Même s'ils ne l'expriment pas en mots, ils pourront vous faire comprendre le message en poussant vos limites à l'extrême. Quant à vous, le fait d'agir plus naturellement envers eux vous permet une plus grande authenticité à leur endroit. Graduellement, il faut que vous appliquiez des conséquences justes et équitables comme vous le feriez avec vos propres enfants. Encore une fois, plus ils sont âgés, plus vous serez limitée dans vos interventions auprès d'eux et plus vous devrez peut-être passer par l'intermédiaire du parent. Par contre, si les enfants sont jeunes et que vous en prenez soin, vos interventions en l'absence du père devraient progressivement devenir plus directes et spontanées.

Bref, plus vous enlèverez des pierres et ajouterez de l'eau, plus votre lien avec les enfants de votre partenaire sera profond et sincère. Même si vous n'êtes jamais à l'abri de la présence de nouveaux cailloux, vous saurez, par contre, comment les remplacer plus rapidement par de l'eau.

L'entente

Il est indispensable de discuter avec votre partenaire des relations que vous avez avec vos enfants mutuels. Premièrement, il faut savoir à quel niveau d'implication s'attendre de part et d'autre et jusqu'où vous tolérez qu'il y ait des interventions sur le plan disciplinaire. Cela peut aller du «J'aimerais mieux être la seule à appliquer des conséquences» à «Je te donne carte blanche». Une position claire dissipera bien des malentendus.

Deuxièmement, au moment de ce type de discussions, l'autre aspect dont il faut tenir compte concerne votre ouverture d'esprit. Bien des parents sont très susceptibles et sur la défensive dès qu'il s'agit de leurs enfants. De tels comportements, quoique fréquents, peuvent être révélateurs d'une difficulté à vous remette vous-même en question, ou encore d'une tendance à «victimiser» vos enfants parce que quelqu'un les critique. Si cette susceptibilité est trop forte, elle finira par traduire une propension à mal aimer vos enfants. Si vous n'êtes pas capable de voir leurs côtés plus sombres, vous ne pourrez jamais les aider à devenir de meilleures personnes. Vous ne pourrez pas les amener à reconnaître leurs faiblesses et les inciter à capitaliser sur les forces qu'elles peuvent également contenir. Par exemple, si un enfant agressif apprend à canaliser son énergie, il peut devenir un fier compétiteur spor-tif. Soyez donc capable d'entendre les commentaires que votre partenaire vous fait au sujet de vos enfants (loin de leurs oreilles bien entendu). Celui-ci, ayant un regard plus extérieur, est habi-tuellement mieux placé pour découvrir les points à améliorer chez vos petits chéris. De toute façon, une fois que vous aurez en-tendu votre partenaire, il sera alors moins attentif à ces aspects de vos enfants; cela lui évitera de continuer à accumuler des indices afin que vous les remarquiez. Et soyez bien à l'affût, car les parties que vous n'acceptez pas de voir chez vos enfants sont parfois celles que vous refusez de voir en vous-même.

De la même manière qu'il faille avoir l'esprit ouvert, il faut également être honnête envers votre partenaire en ce qui con-cerne vos impressions sur ses enfants. N'attendez pas d'explo-ser. Assurez-vous d'être calme et ayez le courage de dire ce qu'il en est. Évitez le plus possible les étiquettes et nommez les faits tels qu'ils sont tout en partageant votre ressenti.

Une fois les balises posées (en passant, elles peuvent être réajustées à tout moment), à l'impossible nul n'est tenu. Soyez indulgente envers vous-même et votre partenaire. Permettez à ce dernier de faire des erreurs dans ses interventions avec vos enfants. Laissez-vous une chance et donnez-vous du temps. Par contre, si vous vous rendez compte que celui-ci « décharge » systématiquement ses frustrations sur les vôtres, vous devez rapidement intervenir. De toute façon, que vous soyez parent ou beau-parent, les violences verbales ou physiques sont les moyens de ceux qui n'en ont pas. L'éducation demande d'appliquer des conséquences raisonnables en fonction de l'âge (par exemple : retrait d'une minute par nombre d'années en âge) avec calme, rigueur et constance.

L'ordre

Puisque l'on discute d'implication et de discipline, il me semble important d'établir un ordre dans l'application de vos interventions, un peu à la manière d'un crescendo. En premier lieu, un beau-parent est en mesure de s'attendre à être traité avec respect en tout temps dès le début. Un manque de respect demande une intervention immédiate de la part du parent ou de vous-même. En deuxième lieu, lorsque la vie commune est amorcée, un beau-parent aura son mot à dire en ce qui concerne les routines de la maison et de l'environnement (les repas, la propreté ou la musique trop forte qui pollue l'environnement, etc.). En troisième lieu, le beau-parent doit également intervenir au sujet des routines ou à l'égard de la discipline de ses beaux-enfants lorsque cela a des répercussions sur lui (intervenir sur le fait que les enfants n'ont pas de limites concernant l'utilisation de l'ordinateur, ce qui l'empêche d'y avoir accès à certains moments, etc.). Enfin, en quatrième lieu, le niveau d'implication devient plus délicat. En ce qui concerne des interventions touchant le caractère de l'enfant, sa façon d'être en général ou ses grandes orientations, nonobstant qu'un beau-parent puisse donner son opinion au parent (cela risque d'être inévitable), il devrait s'abstenir d'intervenir auprès de l'enfant, à moins que celui-ci ne l'invite à le faire. Les trois premiers points peuvent vous servir à rassurer les enfants de la maisonnée sur vos niveaux d'implication mutuelle (votre partenaire et vous), qui deviennent des points de repère pour eux. Ainsi, avec vos enfants, vous éviterez les «De quoi il se mêle!» et ceux de votre partenaire sauront à quoi s'attendre dans votre façon d'intervenir.

J'espère que cela vous aura éclairée à propos du rôle de beau-parent, des limites de son implication et de la discipline, sujets qui vous donnent parfois l'impression d'être comme si vous étiez en train de marcher sur un fil de fer.

Augmenter l'attachement

Vous le savez, votre attachement envers les enfants de votre conjoint risque de se faire de façon graduelle, avec le temps. Afin de potentialiser la force de vos liens (ce qui aide à enlever les pierres), je vous propose les réflexions suivantes.

Parfois, certains traits de caractère, comportements ou manières de faire de l'enfant de votre partenaire vous fatiguent. Vous pourriez alors avoir tendance à focaliser sur ces caractéristiques. Vous pourriez également les attribuer à l'ex-partenaire de votre conjoint. Si vous ne portez pas cette personne dans votre cœur, vous pourriez alors y mettre davantage d'attention. Or, bien souvent, en y regardant de plus près, ces caractéristiques font en fait partie d'une facette de la personnalité qui ressemble davantage à votre partenaire. Par exemple, l'enfant en question pourrait être peu réactif et être tétanisé par vos moindres observations. Son père est d'un calme olympien, et c'est d'ailleurs en partie pour cette raison que vous êtes devenue amoureuse de lui. Bien qu'il soit vrai que cet aspect vous tape aujourd'hui parfois sur les nerfs, vous aimez votre partenaire avec ses qualités et ses défauts. Vous pourriez avoir la même réaction d'agacement face à un comportement de l'enfant.

Prenons l'exemple d'un homme qui pourrait être irrité par le fait que la fille de sa conjointe lui demande toujours ce qu'il fait et quand. Il pourrait alors observer la femme qu'il aime et constater que sa capacité d'organisation qu'il admire tant est doublée d'une propension à avoir un contrôle sur ce qui se passe dans son environnement ; il en va de même pour sa fillette. Parfois, ce sont les manières de faire qui vous énervent souvent parce qu'elles ne correspondent pas à des familiarités. Par exemple, contrairement aux vôtres, ses enfants à lui sont solitaires et jouent peu avec d'autres amis. Regardez l'élu de votre cœur et voyez comme son côté indépendant vous attire. Réfléchissez à tout ça, cela pourrait changer grandement vos perceptions. Les enfants, étant moins matures et expérimentés, manifestent généralement, de façon peu subtile, des facettes de caractère propres à leur parent. Si vous arrivez à aimer votre conjoint, dites-vous que le fruit ne tombe pas trop loin de l'arbre.

Enfin, parlons d'un dernier aspect qui me semble important. Il se peut, même après plusieurs années, pour différentes raisons, que vous ne développiez jamais de liens significatifs avec un des enfants de votre partenaire. Il se peut que votre relation soit respectueuse mais distante et que vos liens avec le temps, plutôt que de s'améliorer, diminuent jusqu'à être presque inexistants. Si c'est votre cas, faites votre examen de conscience, puis acceptez les choses comme elles sont. Malgré tous vos efforts, une relation se développe à deux. Et, de par mon expérience, ces situations arrivent rarement sans que les parents biologiques y aient joué un rôle important. Alors, ne portez pas tout sur vos épaules et dites-vous, comme le chanteur québécois Luc De Larochellière : « Tout le monde veut que tout le monde l'aime, mais personne aime tout le monde. »

Les pièges parentaux fréquents en famille recomposée

Il est important de noter que certains pièges génèrent des attitudes parentales qui ne manqueront pas d'ébranler votre couple et votre famille ; voici les deux plus fréquents.

La culpabilité

Si c'est vous qui avez quitté votre ex-conjoint, et particulièrement si vous l'avez fait pour une nouvelle flamme, si vous avez l'impression que vos enfants ont souffert de votre séparation, si vous stressez de leur avoir fait vivre un changement supplémentaire en acceptant une nouvelle famille, si vous vous sentez mal de changer certaines habitudes qui ont pu s'installer pendant la période de monoparentalité, si vous n'avez pas la garde à temps plein de vos enfants (souvent le cas des pères), il se peut que vous vous sentiez *coupable*. Afin de mieux vous outiller face à votre culpabilité, je vous propose de revenir au début du chapitre précédent qui parle justement de ce fameux sentiment. Pour l'instant, mon but est de mettre en lumière les résultats nocifs que cette culpabilité peut générer sur vous, sur votre nouveau partenaire et sur votre famille.

Je m'adresse ici plus particulièrement aux hommes. Si vous vous sentez coupable face à vos enfants, vous aurez tendance à agir différemment envers eux, ce qui aura comme conséquence que vous assumerez moins bien votre rôle parental. Vous aurez une propension à être plus permissif, vous mettrez moins bien vos limites et vous éviterez la confrontation. Ce relâchement peut occasionner des injustices par rapport aux enfants de votre partenaire qui, eux, par exemple, vivent en permanence avec vous. Votre conjointe ne manquera pas d'en prendre bonne note et aura de la difficulté à ne pas avoir de ressentiments. Si, par culpabilité, vous accordez beaucoup de privilèges et que vous gâtez énormément vos enfants, ceux-ci ne s'en plaindront certainement pas et cela pourra, en apparence, leur plaire. Toutefois, cette attitude leur est en réalité très nuisible. Non seulement vous les privez d'un encadrement dont ils ont besoin, parce que vous leur prouvez que vous ne faites pas confiance à leur capacité d'adaptation, mais vous les empêchez également de développer un lien avec votre partenaire et ses enfants.

Comme si cela ne suffisait pas, vous les privez d'une chose fondamentalement essentielle : le fait d'avoir une relation authentique avec vous ! En effet, en étant permissif à outrance ou en gâtant démesurément vos enfants, vous leur donnez un bénéfice secondaire qui les empêchera d'exprimer librement leurs véritables besoins et attentes envers vous. Le bénéfice, ici, vient faire office de diversion face aux véritables attentes qu'ils pourraient avoir à votre endroit. Ils pourraient parfois se dire quelque chose comme : «Papa fait tellement d'efforts pour me faire plaisir [ils ressentent votre culpabilité] que je ne lui dirai pas à quel point je m'ennuie de lui ou comme j'aurais préféré qu'il joue avec moi.» Même si leurs états d'âme ne sont pas toujours faciles à entendre et que les besoins de vos enfants ne peuvent pas toujours être comblés selon leur préférence, le simple fait qu'ils puissent les exprimer est libérateur pour eux. En plus, cela vous donne l'occasion d'être plus créatifs ensemble dans la recherche de solutions.

Si ce genre d'attitude est plus souvent manifestée par des pères, les mères n'en sont pas à l'abri. Si vous réalisez que vous avez des comportements semblables à ceux décrits, ne vous sentez pas coupable de vous sentir coupable. Ce serait comme fumer davantage de cigarettes parce que vous stressez de réaliser que vous fumez trop. Considérez qu'une période plus permissive peut même être salutaire au début, mais réajustez-vous dès que possible afin de diminuer les tensions avec votre partenaire, d'améliorer les relations familiales et de rendre un immense service à vos enfants. Si vous constatez que ce comportement dure depuis longtemps, il n'est jamais trop tard : les résistances seront justes plus grandes, mais n'ayez pas peur du changement.

La surprotection

Si la culpabilité est plus souvent vécue par les pères, la surprotection se manifeste davantage chez les mères. Par contre, je le répète, aucun des deux parents n'est à l'abri de l'un ou de l'autre de ces pièges. Le comportement de surprotection se traduit par une tendance à ne jamais rien déléguer à qui que ce soit des soins de l'enfant, à avoir tendance à répondre pour lui et à prendre systématiquement sa défense; ou encore, à intervenir lors de chicanes entre enfants sans laisser la chance au vôtre de se défendre, à lui éviter ainsi toute forme de conflits ou de confrontations avec qui que ce soit, à trouver toutes les solutions et à prendre toutes les décisions à sa place. Ce comportement peut être le frère jumeau de la culpabilité, mais il peut également traduire une difficulté : celle de vouloir tout contrôler (c'est connu chez les tempéraments anxieux) ou celle de révéler un manque de confiance face aux capacités de votre partenaire à interagir avec l'enfant. Toutefois, d'abord et avant tout, ce comportement révèle un manque de confiance face aux capacités de votre enfant lui-même. Peu importe les causes, la surprotection, vous l'aurez deviné, est néfaste. Là encore, elle empêche votre enfant de développer un lien avec votre partenaire et ses propres enfants, de devenir autonome, de développer son sentiment de compétence à résoudre les conflits et de consolider sa confiance en lui. Il faut donc assurer sa protection en le laissant vivre ses propres expériences. Je sais qu'il est parfois difficile d'agir ainsi, mais c'est de cette façon qu'il apprendra à faire face à la vie. Si vous constatez que sa détresse est trop grande, intervenez en lui expliquant comment il pourrait réagir et s'exprimer mieux la prochaine fois.

Outils pratiques pour les beaux-parents

Voici une synthèse de quelques moyens pratiques pour améliorer vos relations avec les enfants de votre partenaire.

- *S'intéresser à eux.* Nous avons un peu abordé ce point précédemment avec les enfants de six à douze ans. Il reste que de s'intéresser aux enfants de votre conjoint, peu importe l'âge, est important. Questionnez-les sur leurs goûts, leurs activités et leurs intérêts. Mais attention, trop c'est comme pas assez. Au début, votre enthousiasme pourrait leur taper sur les nerfs. Ils pourraient vous percevoir comme celle qui veut être *cool* et être absolument leur amie. Donc, soyez curieuse à leur endroit, mais ne jouez pas à la *cheerleader*. Offrez votre aide lorsque c'est pertinent et prévoyez de faire des activités seule avec eux. Cela sera profitable pour contrer les alliances naturelles et pour favoriser le passage des étapes de la vie en famille recomposée.

- *Être complice.* Parfois, la vie nous offre de belles occasions sur un plateau d'argent. Vous pourriez, par exemple, surprendre l'enfant à faire une gaffe mineure, ou encore être témoin d'une légère dérogation aux règlements de la maison. Si vous n'en prenez pas l'habitude, qu'il s'agit d'une peccadille (souvent, la gaffe est bien plus grave dans la tête de l'enfant que dans la vôtre) et que cela ne sabote pas les efforts du parent, vous n'êtes pas obligée de courir dénoncer l'enfant. Vous pourriez vous contenter de lui faire un petit clin d'œil et lui dire : « Bon, ça reste entre nous. »

- *Demander l'aide de l'enfant.* Nous avons abordé le fait qu'il est bien, dans certains contextes, de vous dévoiler auprès de l'enfant en lui exprimant vos émotions et besoins. Il peut être très intéressant également de demander sa collaboration. Par exemple : « Je trouve difficile que tu monopolises le salon ainsi, j'ai besoin de détente moi aussi. Je désire qu'on puisse arriver à bien s'entendre. Que me proposes-tu comme solution ? » Comme pour tout le monde, lorsque la solution provient des enfants, ils seront beaucoup plus enclins à la respecter. En plus, ils auront l'impression d'avoir eu du pouvoir sur la situation plutôt que de la subir.

- *Mettre de l'humour.* Comme dans la relation de couple, il est important, dans la relation beau-parent/enfants, d'y mettre de l'humour. Il faut être capable de rire de soi et des différentes situations. N'hésitez pas à être drôle, à vous moquer de certains événements ; les enfants apprécient, et c'est très efficace pour dédramatiser certaines situations.

- *Ne pas comparer.* Comme parent ou comme personne ayant entretenu des relations avec certains enfants, vous avez accumulé une expérience. Par contre, celle-ci peut facilement vous entraîner à comparer les enfants de votre conjoint à partir de ce que vous aurez observé chez les vôtres. Même si cela peut servir de point de repère, il est dangereux de généraliser. Votre expérience avec les enfants de votre conjoint sera forcément différente. Les comparer est délicat, et le faire en leur présence est inapproprié (comme ce l'est d'ailleurs lorsqu'il y a des comparaisons entre des frères et sœurs). Si vous pensez que parce que les vôtres ont évolué d'une certaine façon cela devient une règle immuable pour tous les enfants, c'est dangereux. Si vous dites, par exemple, que votre enfant faisait, ou ne faisait plus, telle ou telle chose à tel âge et que vous vous attendez à ce qu'il en soit de même avec vos beaux-enfants, permettez-vous de revoir votre cadre de référence.

- *Donner l'exemple.* Je l'ai déjà mentionné, les enfants n'apprennent pas en fonction de ce que vous dites, mais en fonction de ce que vous faites. Donner l'exemple devient alors essentiel. Si vous vous êtes trompée au sujet de l'enfant ou si vous avez fait un geste que vous regrettez, n'oubliez pas de lui en faire part. Allez-y avec des phrases comme : «J'ai pensé que tu me mentais, je me rends compte de mon erreur, je te demande pardon» ou «Ce que je t'ai dit dépassait mes pensées et était inapproprié, je m'en excuse». Je sais que cela prend une bonne dose d'humilité, mais au moins, tous vos enfants sauront que ce sentiment n'est pas un animal rare en voie d'extinction.

- *Être vigilant dans le choix des règles de la maison.* En ce qui concerne les routines et les permissions, il est préférable que votre conjoint et vous ayez une façon de faire qui est semblable à celle que les enfants retrouvent chez leur autre parent. Par contre, si cela ne respecte pas vos principes, il est correct d'être différent. Les enfants auront tôt fait de faire les nuances entre les deux milieux. De toute façon, même en faisant des efforts pour avoir des balises communes, deux professeurs, par exemple, n'enseignent pas de la même façon, pas plus d'ailleurs qu'un père et une mère vivant sous le même toit. Malgré tout, les règles établies dans votre maison devraient illustrer vos principes communs. Ainsi, elles ne devraient pas être régies par les particularités d'un seul enfant. Je m'explique. Si vous déterminez qu'après 21 heures tous les enfants devraient être couchés parce qu'ils doivent bénéficier d'une bonne nuit de sommeil, c'est parfait. Mais si vous décidez que tous les enfants doivent se coucher à 19 h 30 parce que votre fils Étienne ne peut pas fonctionner s'il ne se couche pas aussi tôt, cela peut être problématique. De la même manière que si vous décidez qu'il est bon pour tous les enfants de sortir jouer dehors au moins une fois dans la journée, c'est correct. Par contre, si vous imposez à tous de faire deux heures de sport extérieur parce que votre fille Camille est intenable si elle ne se dépense pas de la sorte, ce n'est pas génial. Cela peut vous sembler évident, mais c'est étonnant de constater à quel point certains enfants ayant des problèmes particuliers, par exemple, peuvent régir les comportements de toute une famille. Imaginez lorsque, en plus, ces exigences concernent des enfants qui ne sont pas les vôtres. Même s'il est bon que les enfants apprennent à s'adapter aux limites qu'impose une situation particulière, soyez vigilante.

• *Repérer les règles inopportunes.* Comme vous habitez sous le même toit, vous avez forcément mis votre grain de sel dans les règles en vigueur. Même si les enfants peuvent y opposer une certaine résistance, avec le temps, ils s'y conformeront. Toutefois, dans les familles recomposées, certaines règles peuvent ne pas être admises par tous les enfants, même après une longue période. Si, pour une règle en particulier, les enfants continuent de s'opposer, de ne pas s'y conformer ou de revendiquer autre chose malgré vos explications et votre constance à la maintenir, permettez-vous de la remettre en question en vous interrogeant sur sa pertinence. Je pourrais illustrer ce point par cette petite histoire.

Les enfants de Christine n'ont jamais pris de goûter avant l'heure du coucher. Voilà que ses beaux-enfants ont l'habitude de le faire. Christine, ayant observé cette habitude pendant un certain temps, remarque que ces derniers prennent un temps interminable pour leur goûter, ce qui retarde systématiquement l'heure du coucher (en plus de faire des miettes partout alors que la cuisine est propre). Après en avoir discuté avec son conjoint Jean, ils décident de changer la situation. Dorénavant, ils optent pour que les enfants puissent manger un morceau durant la soirée, dans la mesure où cela n'excède pas 20 heures, heure à laquelle les enfants se préparent pour le coucher. Ils les avisent et leur expliquent bien et très clairement qu'il en va de leurs responsabilités de penser à déguster ce goûter à temps, car après il sera trop tard. Le temps passe et, au bout d'un an, les enfants essaient toujours d'obtenir la permission d'avoir leur goûter au moment du coucher et ripostent sans cesse face à l'interdiction.

Dans cette situation, il y a matière à réviser la règle. En fait, on peut penser que la résistance vient du fait qu'elle contrecarre directement une routine sécurisante pour ces enfants. Nous l'avons vu, respecter les routines est salutaire. Toutefois, il n'est pas admissible pour ces parents que les enfants retardent systématiquement l'heure du coucher d'une demi-heure. En faisant leur examen de conscience, Christine et Jean se rendent compte qu'ils avaient envisagé la possibilité d'avertir justement les enfants lorsqu'il serait 19 h 30, afin qu'ils aient le temps de prendre leur goûter sans retarder leur coucher. Par contre, ils n'avaient pas voulu s'imposer cette responsabilité supplémentaire. De toute évidence, ils réalisent qu'ils devront se réajuster et ils acceptent de jouer les «coucous d'horloge». Ainsi, les irritants diminuent et tant pis pour les graines sur le comptoir !

* * *

Au sein de la famille recomposée, le parent joue un rôle déterminant pour favoriser les liens entre son partenaire et ses enfants. Quant à celui de beau-parent, il n'est pas toujours facile. De tout temps, des adultes ont eu à prendre soin d'enfants qui n'étaient pas les leurs. Bien que les rôles de beaux-parents (ou rôles apparentés) ne soient pas nouveaux, il est toujours étonnant de constater à quel point ceux-ci font preuve de générosité et de dévouement. N'ayant parfois pas de rétroaction positive de la part des enfants, ils continuent à s'impliquer malgré tout.

Bref, si vous exercez un tel rôle, dites-vous bien une chose : un peu comme dans le processus des enfants que l'on adopte, vous pouvez espérer être une figure parentale, mais vous le deviendrez véritablement seulement lorsque les enfants auront choisi de vous accorder cette place dans leur cœur.

Chapitre 4

Les enfants : comment favoriser des liens harmonieux entre eux ?

Les liens

Tout comme votre conjoint, vous avez possiblement un ou des enfants. Depuis que vous avez pris la décision de former une nouvelle famille, celle-ci s'est donc agrandie et peut-être en êtes-vous

fière. Par contre, les responsabilités qu'entraîne une telle marmaille peuvent vous rendre anxieuse. Quoi qu'il en soit, vous voilà
en relation avec plusieurs enfants vivant, à temps partiel ou à
temps plein, sous le même toit.

Mais quel lien unit tous ces enfants? Comme ils ne se sont
pas connus dès leur naissance et qu'ils ne sont pas du même sang,
ceux-ci sont liés par l'amour qu'ils vouent à leur parent respec-
tif. Bien souvent, les termes «frère ou sœur par alliance» ou encore «demi-frère ou demi-sœur» sont employés pour désigner ces
réalités. Dans une cour de récréation, ces expressions déroutent
les conversations entre les jeunes, suscitent des interrogations
et nécessitent des clarifications; par exemple: «Ah! Maintenant
je comprends, mais ce n'est pas ton demi-frère puisque vous n'avez
aucun parent pareil.» Bien que la plupart des enfants d'aujourd'hui soient devenus experts pour conceptualiser les liens
complexes qui unissent parfois les nouvelles familles, le langage
devient lourd. Pour ma part, j'ai toujours trouvé étrange ce con-
cept de demi-mesure. Comme si le lien qui unit les enfants était
comparable à une tasse à mesurer. Existe-t-il des demi-liens?
Pourquoi ne pas les subdiviser en quart ou en tiers tant qu'on y
est? La demie rappelle sans arrêt l'incomplétude du lien.

Les enfants «tasse à mesurer» ont encore sur eux le regard
d'adultes qui ne cachent pas leur découragement face à leur complexité filiale. Ils se disent: «Pauvre petit, il ne l'a pas facilement.»
Cela n'est rien pour simplifier les choses. Mais, quoi qu'il en soit,
la façon de nommer les liens qui vous unissent est d'une grande
importance. Les mots sont souvent porteurs de charge émotive. Par
exemple, les termes «mon amie», «ma meilleure amie», «mon
amante», «ma blonde» ou «ma fiancée» prennent des dimensions
complètement différentes si un jeune homme vous présente

une demoiselle. Combien de statuts personnels ont pris naissance à partir d'une simple présentation ?

Dans la famille recomposée, c'est un peu la même chose. Il est évident que l'on doit pouvoir nommer les liens qui nous unissent aux personnes de notre entourage. Toutefois, si les adultes n'interviennent pas sur cette question, les enfants sauront bien comment se présenter. Tout comme on n'impose jamais à un enfant d'appeler votre partenaire «papa» ou, à l'inverse, «maman» (même lorsque le parent biologique est décédé), on ne lui impose pas non plus, face à un jeune qui viendrait d'arriver dans sa vie, de l'appeler «mon frère». C'est au fur et à mesure qu'ils tisseront des liens que les enfants s'approprieront des affiliations. Plus ils sont jeunes et vivent ensemble, plus ils risquent de se reconnaître, un jour, comme frères et sœurs. Bien que cela puisse être touchant, ce n'est toutefois pas une nécessité et il est même possible que ce ne soit jamais le cas. L'important est que le terme choisi pour désigner leur lien vienne d'eux.

Quant à vous, votre espoir réside dans le fait que les enfants s'entendent le mieux possible. Comme tous les parents, vous rêvez d'harmonie au sein de votre demeure. Sur ce point, vous ne différez en rien des espoirs qu'ont toutes les familles et vous n'échappez pas au fait que les parents ont un rôle à jouer au sujet de la bonne entente qui doit régner entre les enfants. Afin d'éviter les rivalités malsaines, les parents doivent être aux aguets. La famille recomposée requiert plus de vigilance. Je vous propose donc quelques trucs qui faciliteront l'établissement de liens entre les enfants et leur intégration au sein de votre famille.

Ne rien forcer ou imposer

Même si vous débordez d'enthousiasme, forcer les relations pourrait s'avérer catastrophique. Plus vous insisterez pour que deux enfants s'entendent, plus ils risquent de faire le contraire. N'oubliez pas que «tout ce qui résiste persiste». Ne les obligez pas à jouer ensemble et à tout partager. En cas d'animosité entre eux, il est bien plus efficace de le reconnaître que d'essayer de les convaincre du contraire.

En définitive, l'important est le respect et le fait d'être clair sur l'aspect non négociable de la cohabitation. Vous pouvez dire à l'enfant des choses comme : «Je sais qu'en ce moment tu ne t'entends pas avec Mélanie. Je ne t'oblige pas à l'aimer, mais je te demande d'être respectueux envers elle. Puisque nous devons vivre dans la même maison, il faudra que tu trouves des moyens pour la tolérer, je vais t'aider» ou encore «Je sais que la présence de Jonathan te dérange beaucoup et que ce n'est pas facile pour toi de partager certaines choses. Puisque tu devras t'habituer à sa présence, nous allons explorer des moyens pour faciliter le partage entre vous. Par contre, je ne tolérerai pas que tu sois agressif envers lui». N'oubliez pas que, comme dans toute relation humaine, s'il y a un bourreau, il y a également une victime. Tout en protégeant l'enfant, il faut lui apprendre à mettre ses limites et à déceler les attitudes, parfois moins visibles, qui génèrent quelquefois de l'hostilité.

Accepter le manque d'affinités

Avec la meilleure volonté du monde, certains enfants ne s'entendront jamais. Comme dans les familles traditionnelles, il n'est pas garanti que les affinités soient au rendez-vous. Cela n'est peut-être pas agréable, mais vous devrez l'accepter tout en restant le plus neutre possible. La seule chose que vous pouvez faire est de vous demander dans quelle mesure vous contribuez à la mésentente. Je m'explique. Si, par exemple, votre enfant ne tolère pas, chez l'enfant de votre conjoint, un aspect que vous détestez vous-même et que, malgré vous, vous le laissez paraître, interrogez-vous sur votre propre tolérance aux autres et sur le genre de modèle que vous offrez. Si, au contraire, vous adorez un aspect de cet enfant que le vôtre ne possède visiblement pas, sans le rassurer sur ses forces, il n'y a rien d'étonnant qu'une animosité persiste. De plus, si votre jeune perçoit qu'un des enfants de votre conjoint vous manque de respect, il peut également entretenir une certaine rancœur à son endroit. Soyez donc honnête envers vous-même, mais ne portez pas le poids d'une relation qui ne vous appartient pas.

Être juste

Si j'avais à vous donner un seul conseil afin de vivre en famille recomposée, je vous dirais : «Soyez juste.» Vous devez effectivement être juste envers tous les enfants de la maisonnée, car ces derniers sont très sensibles sur ce point. Rappelez-vous qu'ils voient tout, remarquent tout et notent tout. S'il y a une injustice, ils auront tôt fait de manifester leur désaccord, sauf s'ils sont plus introvertis. Dans ce cas, ils risquent de se dévaloriser en silence. C'est donc dire que vous devez absolument agir, autant que possible, de la même façon envers tous les enfants. Ils toléreront, entre votre conjoint et vous, très bien les différences dans vos façons d'intervenir. Par contre, ils ne toléreront pas que vous interveniez différemment d'un enfant à l'autre.

Évidemment, en tant que beau-parent, en ce qui concerne la discipline, cela dépend de votre niveau d'engagement. Cette précision faite, lorsque les parents appliquent des conséquences aux enfants, ces derniers devraient être concertés ; en tout temps, les conséquences doivent être justes et équitables d'un enfant à l'autre. Il en va de même pour les privilèges, les sorties ou les biens matériels. Lorsque vous planifiez, par exemple, d'offrir des cadeaux pour le temps des fêtes ou les anniversaires, chaque enfant devrait avoir droit à des présents de même valeur. Par contre, comme je l'ai vu dans certaines familles, il n'est pas question de donner le même objet mais d'une couleur différente, car cela enlève toute individualité. Le message n'est pas que nous sommes tous pareils, mais bien que nous sommes tous égaux.

Vous êtes probablement bien d'accord avec ce principe qui va de soi. On ne peut pas être contre la vertu. Mais, me direz-vous, quelquefois, cela peut s'avérer difficile. Qu'en est-il lorsque certains enfants reviennent de chez l'autre parent avec des vêtements «griffés» et les bras chargés de cadeaux? Qu'en est-il lorsque les enfants de votre conjoint partent avec leur mère une semaine à Walt Disney pendant que le vôtre se contente de regarder tomber la neige par la fenêtre parce que vous travaillez pendant la semaine de relâche? Dans des situations aussi délicates, il est judicieux d'en discuter ouvertement avec votre conjoint. Plusieurs solutions peuvent s'offrir à vous. Peut-être pourriez-vous demander à ce que certains cadeaux demeurent chez l'autre parent; peut-être pourriez-vous faire un petit voyage ou des activités spéciales à un autre moment avec votre enfant. Vous saurez bien, en votre âme et conscience, comment rectifier la situation. Par contre, à un certain moment, pour toutes sortes de raisons, ce sera impossible de le faire. Même si cela peut sembler injuste, votre enfant fera de grands apprentissages. Il découvrira, par exemple, que l'on n'obtient pas toujours tout ce que l'on veut quand on le veut et que la vie peut parfois sembler injuste. Vous pourriez, dans ce cas, lui apporter votre soutien en lui faisant prendre conscience de certains faits; par exemple, il n'a pas moins de valeur personnelle parce qu'il a des biens matériels moins coûteux, ou encore s'il tient vraiment à quelque chose, il peut l'obtenir à force de volonté. L'attente rend le tout tellement plus savoureux. Ces réflexions seront alors fort instructives pour lui. Mais attention de ne pas ternir, au passage, l'image des enfants qui sont en apparence plus privilégiés.

Donc, que ce soit dans la façon d'être ou la façon d'agir, avoir le plus de justice et d'équité possible envers tous les enfants est d'une importance capitale. Même si cette vérité universelle est valable pour toutes les familles, elle est indispensable au succès des familles recomposées. Comme l'a déjà dit Mathieu, âgé de douze ans : « Ce que j'aime de Jean, mon beau-père, c'est que même s'il est sévère, je sais qu'il agit pareil avec tout le monde. »

Composer avec les différences de tempérament

Il peut arriver que vous ayez à intervenir davantage avec un de vos enfants, parce que celui-ci est plus réactif et contestataire que les autres. Dans de telles circonstances, il subira probablement davantage de conséquences disciplinaires. Cet enfant pourrait être taxé de « mouton noir » de la famille, car il ne manquera pas de vous agacer. N'oubliez pas que ce rôle est parfois l'expression d'un certain malaise au sein de la famille. Bien souvent, l'attention portée à cet enfant vous évite de vous remettre en question. Par exemple, si la famille est trop rigide, l'enfant pourrait manifester des comportements de défi face à cet état de fait. Si, au contraire, les limites sont trop souples, l'enfant pourrait devenir intransigeant. Quoi qu'il en soit, le petit rebelle pourrait vous faire travailler sur vos intolérances. Qu'est-ce que vous redoutez inconsciemment et qui se traduit par un profond agacement ? L'anarchie ? La colère ? Le laxisme ? Cet enfant ne manquera pas de vous l'offrir sur un plateau d'argent. Cette situation peut alors devenir explosive pour le couple : le parent biologique se porte à la défense de son petit, tout en éprouvant peut-être une dévalorisation liée aux comportements de celui-ci, et le beau-parent a tendance à vouloir protéger ses enfants jugeant qu'ils n'ont pas à subir de telles tensions familiales. Dans ces circonstances, il n'y a pas de solutions faciles ni parfaites. Il n'y a que votre cœur et votre bonne volonté qui pourraient vous dicter une ligne de conduite. Il faut pouvoir accepter que l'enfant turbulent subisse plus de contraintes, car il apprend qu'il doit assumer les conséquences de ses actes. Par contre, s'il est sans arrêt le motif d'une attention négative, vous devrez vous questionner. Afin d'éviter à l'enfant une grande dévalorisation, tentez d'établir plus d'équilibre en accordant davantage de renforcement positif (ces enfants consomment parfois tellement d'énergie qu'on oublie d'en accorder au moment le plus important : lorsque ça va bien). Si vous n'en venez pas à bout, il sera important de demander de l'aide et de consulter un professionnel avant que la situation s'envenime trop.

Par ailleurs, il ne faut surtout pas oublier les autres enfants. Ceux-ci peuvent se sentir lésés qu'autant d'attention, quoique négative, soit accordée au petit «mouton noir». Bien qu'ils ne captent pas autant la vôtre, cela ne veut pas dire qu'ils ne souffrent pas de la situation. En fait, la détresse des enfants qui requièrent moins d'attention risque de passer inaperçue. Ceux-ci peuvent se sentir impuissants, déprimés et se dévaloriser grandement. Le seul moyen de le savoir est de leur accorder du temps et de l'intimité. De toute façon, quelle que soit la situation, ils méritent qu'on leur accorde, eux aussi, de l'énergie. Ils ne devraient pas non plus être mal à l'aise d'afficher leurs bons coups et leurs succès sous prétexte que l'un en obtient, pour l'instant, moins.

L'important est de valoriser les forces de chacun là où elles sont. Donc, même si vous dépensez déjà beaucoup d'énergie à gérer un enfant perturbateur, il vous faut également accorder temps et attention aux autres. Dur, dur, d'être parent. Dites-vous bien, toutefois, que même si vous n'en voyez pas la fin, vos enfants grandiront. Tout ce que vous investissez en temps, vous le gagnerez en gestion de problèmes. Vous serez alors fière d'avoir contribué à en faire des adultes matures et responsables... du moins, espérons-le. Mais n'oubliez jamais de vous ressourcer personnellement et en couple... Oui, je sais, il n'y a que vingt-quatre heures dans une journée, mais il y a plusieurs journées et semaines dans une année.

Respecter les âges

Il est normal que vous respectiez les besoins en fonction des âges ; par exemple, plus de routines chez les tout-petits et plus d'espace intime chez les adolescents. Évidemment, il est normal que les plus vieux aient certains privilèges comme celui de se coucher plus tard (ne serait-ce que vingt minutes de plus) et davantage de responsabilités. Par contre, en famille recomposée, vous ne pouvez pas tenir pour acquis que certaines responsabilités coulent de source. Lorsqu'il s'agit de liens de fratrie non consolidés, vous ne pouvez pas vous attendre forcément à ce que, par exemple, le plus vieux d'un parent surveille le plus jeune de l'autre. Les enfants doivent apprendre le partage et l'entraide, mais allez-y de façon parcimonieuse, surtout lorsque les liens sont encore fragiles. De plus, le fait de vivre tous ensemble peut signifier, pour certains enfants, une perte de rang dans la fratrie (l'enfant qui était habitué d'être le plus vieux ou le plus jeune peut ne plus l'être). Assurez-vous, dans ce cas, de lui faire bénéficier des avantages propres à son nouveau rang.

Tenir compte des territoires

Tout le monde a besoin d'intimité et de se sentir en sécurité dans un espace qui lui appartient. Dans une famille recomposée, chacun des membres doit apprendre à vivre avec des personnes qui sont relativement récentes dans sa vie. Contrairement aux familles traditionnelles où les membres ont une longue expérience de cohabitation (depuis la naissance en ce qui concerne les enfants), les individus des familles recomposées doivent faire preuve d'une bonne capacité d'adaptation. Chacun doit redéfinir la place qu'il occupe ainsi que son territoire. Dans ce contexte, il est primordial que chaque personne puisse bénéficier d'un lieu qui lui appartient. Cela est aussi valable pour les enfants qui vivent en permanence à la maison que pour les autres qui viennent, par exemple, une fin de semaine sur deux. Dans un monde idéal, chaque enfant pourrait bénéficier de sa propre chambre. Dans la réalité, à moins de pouvoir jouir d'une grande maison, ce n'est pas toutes les demeures qui permettent une telle possibilité. Si vous devez mettre plus d'un enfant par chambre, il sera normal d'accorder davantage d'espace à celui qui y passe le plus de temps. Par contre, l'autre enfant devrait avoir un endroit bien défini où il pourra ranger ses objets personnels. Cela peut prendre la forme d'un coffre, d'une armoire, d'un tiroir spécifique ou d'un bureau. Cet espace pourrait même être identifié à son nom, décoré selon ses goûts ou verrouillé. L'important, c'est de trouver une façon d'inclure un espace personnel pour tous.

Dans le même ordre d'idées, les enfants pourraient avoir des jouets bien à eux. Loin de moi l'idée de ne pas les inciter au partage, mais il est préférable que cela se fasse avec une sincère générosité. Voici un exemple : Mélanie a dix ans et Carine, quatre ans. Il est fort possible que Carine soit très attirée par les jouets de sa nouvelle et grande compagne de chambre. Il serait donc inapproprié de mettre un système d'alarme sophistiqué et des barbelés afin de priver Carine d'avoir accès à ce merveilleux univers. Mélanie devra comprendre que la plus petite est fascinée et qu'elle devra en tenir compte en partageant certains de ses jouets. Par contre, si Mélanie a une collection de mini poupées avec laquelle elle joue beaucoup et qu'elle passe des heures à placer et à replacer, il serait malheureux que Carine puisse les manipuler à son gré, surtout en l'absence de Mélanie. Si c'est le cas, ne vous étonnez pas si cette dernière devient spécialiste en système d'alarme plus tard ! Dans l'éventualité où Carine est visiblement incapable de résister à la tentation de mettre ses petits doigts baladeurs dans le joyeux village de mini poupées, peut-être serait-il préférable d'éliminer toute tentation en le plaçant dans un endroit hors de sa vue et de sa portée. Cette logique est aussi valable pour deux enfants du même âge. Bien sûr, ils devront partager leurs jouets, mais certains d'entre eux peuvent rester leur propriété exclusive sans qu'on les culpabilise pour leur manque de générosité. En fait, plus vous forcerez l'échange, plus ils seront tentés d'être possessifs. Faites-leur plutôt remarquer l'avantage du partage en appuyant sur le fait que les jeux en seront bonifiés.

Conserver la mémoire et la prolonger

Comme nous venons de le voir, les enfants ont besoin d'intimité et d'un territoire bien défini. Cela augmente grandement leur capacité d'intégration. De la même façon, il est important de cultiver leur mémoire du passé récent afin qu'il n'y ait pas de rupture avec celui-ci. Il est fréquent, lorsque vous bâtissez une nouvelle famille, d'avoir le réflexe de vouloir tout balayer de votre « ancienne vie », surtout si celle-ci est associée à des souvenirs douloureux. Par contre, les enfants ont besoin de cet ancrage réconfortant. Même si vous avez envie, par exemple, de brûler toutes les photos de votre passé, est-ce nécessaire que votre enfant en subisse les conséquences? Vous devriez plutôt permettre à celui-ci de conserver des photos et des objets bien à lui. N'hésitez pas non plus, selon votre aisance, à évoquer des souvenirs à votre enfant (si vous pouvez le faire, c'est une preuve que vous avez fait la paix avec votre passé). Ainsi, il aura l'impression que vous ne niez pas une partie de sa courte vie. Bien rassuré, il pourra s'ouvrir plus facilement à de nouvelles expériences.

Maintenir une certaine mémoire du passé est fort aidant, mais faire l'effort de construire une nouvelle histoire l'est tout autant. Vous marquez des points si, par exemple, vous commencez un album propre à chacun des enfants avec des photos en relation avec des événements partagés dans votre nouveau contexte. Ils pourront, avec vous, l'enrichir au fur et à mesure des anniversaires et des occasions spéciales. Vous pourriez être étonnée de surprendre, à son insu, l'un des enfants en train de le consulter. N'hésitez pas non plus à accumuler des objets propres à chacun au fil des voyages ou des événements spéciaux. Autour du bain, par exemple, chacun a son coquillage recueilli au bord de la mer de l'été précédent, chacun a son souvenir acheté dans une boutique et, bien entendu, si c'est votre habitude, chacun a son bas de Noël, peu importe son âge. Eh oui, même vous! De cette façon, vous n'occultez pas leur passé tout en écrivant, à travers ces objets, votre histoire bien à vous, à vous tous.

Établir des routines et être créatif

Une autre façon d'écrire votre histoire et de renforcer les liens consiste à établir des routines bien à vous. Avec les va-et-vient de tout un chacun dans la vie active que nous menons, il est parfois difficile de trouver un temps et un espace communs pour se réunir; par exemple, prenez l'habitude d'établir un repas familial le dimanche soir lorsque tous sont présents. Faites-en un moment plus festif que les autres. N'acceptez pas que des contraintes extérieures viennent vous déranger pour un oui ou pour un non. Ce moment est planifié et important, votre présence le confirme. Si ce n'est pas un repas préparé, cela peut être l'arrêt à un restaurant apprécié de tous ou encore une autre activité. Le but est de créer un événement routinier et agréable où tous pourront être présents en même temps.

Au cours d'activités communes, soyez créative et animez régulièrement l'ambiance de façon à favoriser l'échange et la connaissance de l'autre. Vous pourriez demander aux enfants ce qu'ils ont le plus et le moins aimé durant leur semaine. Même si, de prime abord, ceux-ci peuvent sembler trouver cela ringard et ennuyeux, ils prendront l'habitude de ces échanges fort utiles et instructifs pour tout le monde. Vous pourriez également proposer de petits jeux ; par exemple, au moment d'un souper de fondue, le premier qui échappe un morceau doit complimenter la personne à sa gauche. N'hésitez pas non plus à deviner les préférences de chacun. La liste est infinie, à vous d'être originale.

Même si cette façon de faire vous demande un effort et que vous vous butez parfois à des résistances (ne pénalisez pas tout le monde pour un petit récalcitrant ; passez son tour sans faire de cas), vous verrez que vous consoliderez les liens qui unissent les enfants entre eux et vous tous. Et si, un jour, par dépit ou par paresse, vous omettez un de vos rituels ou un de vos jeux, vous serez étonnée de constater qu'on le réclame. Et cette réclamation peut parfois même venir de la bouche du plus récalcitrant !

Un nouveau bébé dans tout ça?

Peut-être que l'amour que vous ressentez pour votre partenaire vous aura donné l'envie d'avoir un enfant avec lui. Cette décision est bien intime et vous appartient. Si vous avez fait ce choix, il y a de fortes chances que cela ait un impact positif sur votre famille recomposée. L'enfant à naître viendra sceller les liens, car tous les membres de la famille auront un sentiment d'appartenance envers lui. Par contre, bien qu'il s'agisse d'un événement heureux, cela ne se fera peut-être pas sans vagues. Les réactions de vos enfants peuvent aller de l'enthousiasme à la déception la plus totale. Bien entendu, l'enfant unique qui cohabite avec des enfants qui sont frères et sœurs biologiques risque d'être plus optimiste qu'un autre qui a l'impression d'être privé de son parent parce qu'il le voit peu. Par exemple, un enfant qui pense que son père ne s'est pas suffisamment occupé de lui et qui se sent incompris ou incompétent aura peut-être l'illusion que celui-ci se «rattrape» avec un nouvel enfant, le reléguant, du même coup, aux oubliettes. S'il ne fait pas attention, le parent lui-même peut contribuer à maintenir cette illusion en affirmant qu'il a maintenant plus d'expérience ou plus de temps à investir auprès d'un autre.

De plus, un enfant qui a toujours été le cadet de la famille pourra réagir très fortement à la perspective de perdre son rang. Ajoutez à cela le fait que le bébé à venir brise à tout jamais le rêve que chérissent plusieurs enfants de voir leurs parents biologiques à nouveau réunis. Dans les circonstances, l'annonce devra se faire avec doigté. Le parent devra s'assurer de conforter régulièrement ses plus vieux à propos de l'amour qu'il ressent pour eux, de la fierté qu'il éprouve de les avoir, eux, et, le cas échéant, de la place qu'ils occupent dans son cœur même s'il ne les voit pas souvent. Les enfants peuvent être peu réceptifs à la nouvelle pendant un certain temps, mais habituellement, lorsque le nouveau venu fait son apparition, ils se laisseront assez rapidement séduire par ce petit visage innocent. Bien qu'ils puissent réagir à toute l'attention que vous porterez aux soins du bébé, si vous les faites participer et que vous vous gardez du temps pour eux, les liens se créeront naturellement entre le bébé et eux. Si vous avez un adolescent, n'oubliez pas que derrière ses airs distants et indépendants, celui-ci a encore besoin de votre présence et que vous le rassuriez sur votre amour.

***

Tel un chef d'orchestre, vous ne serez jamais responsable d'une fausse note, d'un instrument mal accordé ou des humeurs de vos musiciens. Par contre, vous avez la responsabilité de les harmoniser afin qu'ils produisent une agréable mélodie. Ce succès sera attribuable à votre capacité de faire jouer, tour à tour, certains groupes d'instruments, de les faire s'accorder pour qu'ils jouent bien ensemble, de moduler les crescendos et les decrescendos, de mettre en valeur le plus beau son de chaque instrument et de mettre en sourdine, au besoin, le saxophone afin de laisser le son délicat et gracieux de la flûte prendre son envol. Mais n'oubliez pas que vous n'êtes pas seule, vous devez céder, à certains moments, votre pupitre à votre partenaire, car il aura sa manière bien à lui de faire naître d'autres mélodies suaves et apaisantes dans le cœur de la fratrie.

Chapitre 5

La famille :
autres outils pratiques

Ce chapitre vous propose d'autres moyens susceptibles de favoriser l'harmonie familiale. Dans cette optique, certains concepts déjà mis de l'avant dans les chapitres précédents seront repris sous un éclairage concret.

Les attitudes

Avoir de la distance psychologique

Enfin, nous voilà à cette fameuse distance psychologique. Peut-être savez-vous déjà de quoi il est question, peut-être, à tout le moins, vous en doutez-vous. Malgré cela, il m'apparaît important de s'y attarder, car vous devrez avoir recours à cette disposition d'esprit plus souvent qu'à votre tour. Le fait de faire preuve de distance psychologique entre vous et les événements vous permettra de ne pas vous sentir visée par certains mots, gestes ou situations de la vie familiale. C'est vous distancier suffisamment pour comprendre que plusieurs éléments d'une situation vécue ne vous appartiennent pas, même s'ils semblent êtres dirigés contre vous. Cette capacité de vous recentrer vous permet de relativiser la situation. Voici une petite histoire qui l'illustrera bien et qui vous permettra d'en saisir la portée.

Marianne vit depuis un an avec Jean-François, père d'une fillette de quatre ans, Sonia. Cette dernière vient, pendant les vacances et durant l'année scolaire, une fin de semaine sur deux. Au cours de ses séjours, Marianne a remarqué que Sonia avait, dans sa valise, des vêtements convenables mais plutôt bon marché. Même si plusieurs membres de la famille élargie lui offraient régulièrement de très beaux vêtements, c'était toujours les fringues usées qui s'y retrouvaient. Comme Marianne sentait qu'une certaine distance existait entre la petite et elle, celle-ci profita de l'approche des fêtes pour lui suggérer une séance de magasinage «entre filles». Elle lui proposa d'aller lui acheter une belle petite robe qu'elle pourrait porter afin de célébrer avec eux la fête de Noël. La petite fille accepta gaiement, et elles partirent faire la tournée des boutiques. Dans l'une d'elles, Sonia eut un coup de cœur pour deux robes et ne savait laquelle choisir. Marianne, fière de sa démarche, fut emportée par un élan de générosité et lui proposa de les lui acheter. Tout le monde était heureux, et Sonia repartit le lendemain chez sa mère jusqu'aux vacances des fêtes.

À son retour, la petite eut tôt fait de défaire sa valise et de montrer à Marianne la belle robe que sa mère lui avait achetée ! Marianne fut quelque peu surprise, car c'était la première fois que l'enfant apportait un vêtement neuf. Elle demeura toutefois sereine en disant à Sonia que c'était parfait, puisque trois belles soirées étaient prévues à l'agenda et qu'elle bénéficiait, justement, de trois robes, une pour chaque occasion. La journée où la première occasion se présenta, Marianne demanda à Sonia quelle robe elle voulait porter. Celle-ci opta, sans hésiter, pour celle que sa mère lui avait offerte. Lorsque la deuxième sortie se présenta, Marianne demanda à nouveau à Sonia de choisir, cette fois, entre les deux robes qu'elles avaient achetées ensemble. Contre toute attente, Sonia refusa catégoriquement, préférant garder son linge habituel ou même son pyjama. Elle ne portera jamais l'une ou l'autre des deux robes. Marianne fut quelque peu frustrée et prit bien conscience de l'intensité de son émotion sans se condamner pour autant. Prenant le temps d'établir une distance psychologique entre le comportement de l'enfant et elle-même, elle réalisa une chose qui lui ouvrit les yeux : elle comprit que ce n'est pas elle que Sonia rejetait, mais bien sa mère qu'elle protégeait en pensant qu'elle devait lui rester loyale. Ce n'était donc pas *contre elle*, mais plutôt *pour quelqu'un d'autre* que l'enfant avait adopté un tel comportement. Même si Marianne dut se raisonner et que ce ne fut pas facile, le fait de remettre les événements en perspective lui permit de ne pas se dévaloriser et lui évita de condamner Sonia et de rester frustrée contre elle.

Établir une distance psychologique, en prendre l'habitude, vous sera salutaire à maintes occasions, que ce soit face à certaines remarques ou à des comportements de fermeture à votre endroit. Vous préserverez votre intégrité en vous rappelant que ce n'est pas toute votre personne qui est remise en question lorsque des malaises se font sentir et que des rebuffades vous sont lancées. En changeant votre perception, vous prendrez conscience que beaucoup d'autres événements sans rapport avec vous et sur lesquels vous n'avez pas d'emprise en sont la source. Si vous êtes de bonne foi et que vos agissements sont nobles et désintéressés, vous êtes toujours sur le bon chemin. Ne vous laissez pas divertir par des panneaux qui vous donnent de mauvaises indications et continuez à vous faire confiance pour vous mener à destination. Toutefois, même si cette distanciation est toujours une occasion de voir les choses différemment, ce n'est pas une raison pour accepter de l'irrespect ou de l'hostilité destructrice.

Être dans le respect

Même quand il y a de l'orage dans l'air, il faut rester à l'intérieur d'un seuil minimal de respect envers les autres et soi. Il ne s'agit pas de refouler toute expression de colère : celle-ci est une émotion normale qui force parfois les mises au point. Sachant cela, il faut avoir une certaine tolérance et une certaine clémence face à des débordements émotionnels. Cette clémence peut être mise à profit lorsque vous constatez que l'autre a complètement perdu le contrôle de lui-même et qu'il éclate comme un volcan sous pression. Dans de tels moments, il faut comprendre que c'est comparable à un tremblement de terre (puisqu'on est dans les cataclysmes, restons-y): il y a une première grosse secousse suivie de quelques autres qui vont en s'atténuant jusqu'à ce que le calme revienne.

Dans une crise de colère, on peut s'attendre, en moyenne, à deux ou trois éclatements consécutifs sur une durée de quelques secondes ou de quelques minutes. S'il s'agit d'un enfant, tout en mettant des limites aux comportements destructeurs, il est bon de tolérer quelques secousses avant d'intensifier la sévérité des conséquences qui en découlent. L'énergie doit sortir et s'exprimer ; laissez-lui le temps de s'en libérer. Toutefois, si vous constatez que l'enfant, bien qu'agressif, ne perd pas le contrôle de lui-même (on peut être en contrôle de soi en ayant une attitude calme ou très théâtrale), dites-vous qu'il s'agit plutôt d'un jeu de pouvoir maintenu par la certitude qu'il pourra obtenir gain de cause s'il persiste dans sa colère et ses comportements inappropriés. Dans un tel cas, il n'est plus alors question d'une crise émotionnelle mais bien de manipulation.

Cela dit, s'il est réellement question d'une crise émotionnelle, au plus fort de celle-ci, l'enfant peut faire de grossières généralités, des comparaisons disgracieuses, amplifier ses émotions et dire des choses qui dépassent sa pensée. Ce phénomène peut également être vécu par un adulte. Peut-être vous est-il déjà arrivé de vous retrouver dans un tel état. Par contre, si c'est le cas, vous avez constaté que même au plus creux des flammes de votre enfer personnel, résiste une parcelle de conscience de vous-même qui doit être mise à profit. Si vous n'avez pas le contrôle sur autrui (ce que disent ou font les enfants ou votre partenaire), vous avez toutefois le contrôle sur vous-même. Il y a des mots et des gestes qui « tuent ». Même après des excuses, ils laisseront des traces ; s'ils s'accumulent, votre relation elle-même ne sera plus qu'un immense cimetière. Cela est valable entre conjoints, entre parent et enfant, entre beau-parent et enfant et même entre enfants. Alors, plutôt que d'offrir des fleurs qui ne comblent que votre déculpabilisation, évitez de dépasser toutes les limites du respect. Cela signifie de ne pas dénigrer ceux qui vous entourent en les ridiculisant, en les attaquant dans leur intégrité ou en les atteignant dans leur être fondamental.

Maintenant que certaines balises sont posées en ce qui concerne la colère, il va de soi que le respect est nécessaire en tout temps au sein de la famille recomposée. Faire des commentaires à double sens, adopter une attitude condescendante, lancer des insinuations malveillantes et ignorer volontairement la présence d'un des membres de la famille sont autant de choses inacceptables qui ne doivent pas être tolérées. Un parent, par exemple, qui constate que son enfant est odieux envers son partenaire doit réagir. Il peut lui dire: «Je sais que tu es frustré, mais je ne peux accepter un tel comportement. Comme tu as choisi de t'exprimer de cette façon, tu dois en assumer les conséquences.» Si vous avez affaire à des personnalités plus impulsives, grands comme petits, vous devez trouver des stratégies pour désamorcer l'escalade avant que les émotions deviennent trop vives. Apprendre à en reconnaître les premiers signes, savoir s'extraire d'une situation inconfortable et tâcher de s'exprimer de façon plus constructive sont autant de moyens efficaces pour mieux gérer la situation. Si vous avez besoin d'aide, n'hésitez pas à consulter ou à faire les lectures appropriées, mais faites tout pour que le respect soit au rendez-vous.

Être à l'écoute

Dans votre désir d'établir une nouvelle famille, vous voulez évidemment contribuer au bon fonctionnement de ce projet et vous avez l'espoir que tout se déroule harmonieusement. Votre bonne volonté est nécessaire, mais elle peut parfois vous empêcher d'être à l'écoute. C'est un peu comme si un médecin voulait tellement que son patient soit en bonne santé qu'il omettrait de porter attention à une rougeur de peur d'y découvrir du pus et que cela engendre une septicémie menaçant la vie du patient. Le paradoxe est que l'ignorance même de ce symptôme met en danger l'organisme tout entier. Autrement dit, n'ayez pas peur d'entendre ce qui ne va pas ; que ce soit des insatisfactions concernant les deuils engendrés par la vie commune, des animosités reliées aux tempéraments ou encore des frustrations générées par votre mode de fonctionnement.

Dans tous les cas, restez ouverte. Encore une fois, on peut appliquer le principe « ce que l'on résiste persiste ». Plus vous vous buterez à ne pas entendre les récriminations, plus elles persisteront. Soyez consciente que le changement (en ce qui vous concerne celui de vivre en famille recomposée) engendre des résistances. Plus vous écouterez pourquoi et comment ce changement affecte les personnes qui partagent votre vie, plus elles seront capables de se dégager de leurs émotions contraignantes pour mieux en percevoir les avantages. De la même façon, comme nous l'avons déjà abordé, plus vous serez capable d'entendre un reproche d'un membre de la famille contre un autre (par exemple, enfant et beau-parent), moins celui-ci ressentira le besoin de vous en faire part. De plus, à moins qu'une situation trop souffrante ne nécessite votre intervention, il est faux de penser que vous devrez automatiquement traduire votre écoute par une action. Le simple fait d'écouter, comme nous l'avons vu au chapitre 1, sans argumenter, sans vouloir convaincre du contraire, sans vous justifier est souvent bien suffisant.

Il faut accepter que certaines situations peuvent paraître, *a priori*, insolubles. Évitez d'émettre des commentaires du genre : « Mais non, Jacques n'est pas soupe au lait » ou « Ce n'est pas vrai que Martine prend beaucoup de place ». Même si vous avez l'impression d'avoir raison, n'oubliez pas que c'est la perception de

l'autre, donc *sa* réalité, *sa* vérité. Acceptez d'entendre sans dramatiser en pensant que la famille est mise en péril. Être simplement
à l'écoute vous permet de faire un bon examen de la situation, de
prévenir les aggravations et, certainement, de mettre un baume
au cœur.

Être patient

Vous avez constaté que la famille recomposée traverse des étapes
d'adaptation et que l'on devient beau-parent seulement lorsque
les liens se forment avec les enfants de votre conjoint. Faut-il
rappeler que le fait de former des liens prend du temps, que le
fait de se découvrir mutuellement prend également du temps, que
s'adapter au changement prend du temps, du temps, du temps,
du temps. Il faut donc laisser au temps le temps de prendre son
temps. Pour la vie en famille recomposée, il est mieux d'opter
pour la course de fond plutôt que pour le sprint. Même si la course
de fond vous demande d'utiliser plus de stratégies et de mieux
gérer votre énergie, au bout du compte, vous aurez vu de multiples
paysages et parcouru une beaucoup plus grande distance.

L'environnement

Choisir un lieu commun

Lorsque vous décidez de faire vie commune, il est préférable de
choisir un nouvel environnement pour tous. Il faut reconnaître
que le lieu où vous avez vécu avec votre ex-partenaire n'est pas
le plus favorable pour amorcer une vie en famille recomposée,
car votre nouveau conjoint aura l'impression d'errer dans une
vallée hantée par un fantôme. Si, à l'inverse, c'est vous qui amé-
nagez dans un tel endroit, les enfants de votre conjoint peuvent
le percevoir comme un lieu sacré et ils auront l'impression que

vous profanez l'environnement si vous changez le décor. Cet endroit, aux yeux des enfants, est zoné «patrimoine familial», il y a donc interdiction de changer quoi que ce soit. Le choix d'une nouvelle habitation est assurément tout indiqué. Cependant, il est important de choisir un emplacement qui ne déroutera pas trop les enfants; idéalement, privilégiez un quartier qui ne nécessitera pas de changement d'école et qui maintiendra le réseau d'amis ainsi que les activités et les personnes familières.

Lorsque vous aurez fait votre choix pour l'emplacement de votre habitation, impliquez tous les membres de la famille dans ce projet. Si tous ne peuvent décider du choix de leur chambre, assurez-vous que chacun a toutefois droit au chapitre. À défaut de choisir certaines choses, laissez-leur une marge de manœuvre pour d'autres. Je me souviens que l'un de nos enfants voulait peinturer sa chambre en noir afin de reproduire l'impression de l'espace sidéral. Bien entendu, je n'aurais jamais pu envisager un tel choix de couleur sur un mur. En fait, je me demandais même si cela se trouvait en magasin. Enfin, comme l'enfant était très déterminé, nous avons fini par nous entendre pour que tous les murs soient d'un bleu marine, mais que le plafond reste beige. Inutile de vous dire que j'étais convaincue que sa chambre serait si dense et si foncée que, tel un trou noir, elle aspirerait le reste de la maison. J'ai tout de même peint sa chambre et, par la suite, j'ai découpé des planètes dans une bande de papier peint que j'ai collées de façon aléatoire sur les murs. À ma grande surprise, moi qui adore la décoration, je vous confesse que cette chambre est l'une des plus belles que j'ai jamais décorées. C'est pour dire comment les enfants ne cesseront décidément jamais de nous étonner! Donc, n'hésitez pas à investir du temps afin que votre foyer soit chaleureux et accueillant, et laissez tout le monde y mettre son grain de sel sans que la facture soit trop salée!

Aménager le milieu de façon ingénieuse

Il est surprenant de réaliser à quel point plusieurs irritants peuvent disparaître avec un peu d'ingéniosité et quelques petits efforts. La vie en famille recomposée comporte suffisamment de défis, donc si vous pouvez régler un certain nombre de choses tout simplement en aménageant l'environnement, faites-le. Souvent, vous pourriez vous dire : «Il suffisait d'y penser.»

Comme chacun fait déjà beaucoup d'efforts pour s'adapter, plutôt que de demander plusieurs fois la même chose ou d'avoir des prises de bec pour la même situation, demandez-vous d'emblée : «Puis-je faire autrement?» Si vous détestez que les enfants utilisent votre radio portative, il serait peut-être intéressant d'investir dans une radio, peut-être moins sophistiquée et moins coûteuse, mais qui leur appartiendrait. Selon la situation, il en irait de même pour un ordinateur (par contre, n'oubliez pas d'installer un contrôle parental et de le garder dans les aires communes). Si cela ne vous coûte pas moins cher en argent, il est certain que cela vous coûtera moins cher en gestion de conflits. De la même façon, pourquoi ne pas installer des crochets aux endroits appropriés si les manteaux ne sont jamais, comme vous le désirez, sur un cintre dans le placard! Mettez votre bibelot hors de portée de main si vous frôlez la crise cardiaque chaque fois que la marmaille est dans les alentours. N'hésitez pas à acheter votre propre dentifrice si vous détestez qu'il ait l'allure d'une tranche de bacon cuite (tant par la forme que par l'aspect gluant). Installez des paniers à linge sale dans toutes les chambres, mettez sous clé certaines choses, prévoyez du rangement facile, optez pour que chacun ait sa propre couleur de serviette et même sa propre bouteille de shampoing (les bouteilles ne se vident pas plus vite, et d'autant plus si la vôtre vaut peut-être plus cher). Plus il y a d'enfants, plus cela accroît le travail; il faut donc une bonne organisation.

Je me souviens avoir été exaspérée par le nombre de verres qui s'accumulaient sur le comptoir; trois ou quatre enfants qui jouent sont aussi assoiffés qu'une légion qui traverse le désert. J'ai donc rapidement décidé que chacun d'eux aurait sa propre couleur de verre de plastique et qu'ils auraient pour consigne de le rincer et de le réutiliser tout au long de la journée. Scène un, prise deux, il n'y avait plus d'irritant dans le décor.

Le savoir-faire

Répartir son temps

Nous avons abordé l'importance d'avoir des moments d'intimité en couple; nous avons également déjà mentionné qu'il est important d'investir du temps avec les enfants de votre conjoint et pour vous-même. Cela dit, il est tout aussi primordial que vous ayez du temps pour être seule avec vos propres enfants. Ce dernier point est absolument nécessaire, et il est d'ailleurs bien documenté. Le fait de passer du temps seule avec vos enfants leur donne l'impression d'être moins lésés par le fait que vous vivez maintenant avec un partenaire. Cela vous permet également de retrouver votre complicité, de passer de bons moments et de favoriser les échanges. La fréquence et la durée de ces moments varient selon les personnes, mais assurez-vous que ceux-ci seront réguliers et en nombre suffisant. Pour ma part, comme mon conjoint allait toujours voir ses enfants le mercredi soir, cette soirée était réservée à ma fille. Même mes propres amies savaient qu'elles ne pouvaient pas me déranger pendant ce moment sacré. Cela a été très important et salutaire pour nous deux, et même aujourd'hui, alors que ma fille a vieilli, nous nous efforçons d'en conserver l'habitude.

Respecter ses promesses

Que ce soit vis-à-vis de votre partenaire, mais surtout vis-à-vis des enfants, respectez vos promesses. Si vous promettez des activités ou des sorties, tâchez d'y donner suite. Surtout, n'allez pas annuler, qui plus est de façon désinvolte, un engagement au bénéfice d'un autre membre de la famille. Bien entendu, tout le monde peut comprendre que des contraintes et des événements spéciaux peuvent se produire, mais les exceptions doivent rester des exceptions. Pour éviter d'être prise au piège, tâchez d'avertir les membres de la famille de vos rendez-vous avec certains d'entre eux, de les noter sur un calendrier «social» mis à la portée de tous et, surtout, consultez votre partenaire avant de vous engager pour éviter d'éventuels malentendus.

Faire des horaires précis

Pour harmoniser la vie familiale, surtout lorsque les enfants sont plus petits, il est intéressant de tenir un calendrier de la répartition prévue de la garde des enfants afin que ceux-ci s'y retrouvent. Bien sûr, il est beaucoup mieux d'avoir des ententes de garde régulières avec votre ex-partenaire. L'enfant doit savoir où il sera et quand. Si l'un des parents a un horaire de travail anarchique, vous devez trouver un moyen d'établir une planification stable, même si celle-ci comporte beaucoup d'originalité. Tout en misant sur un horaire régulier, il n'est pas exclu de dépanner, exceptionnellement, l'autre parent biologique. La collaboration est toujours la meilleure des options. Par contre, si celui-ci vous demande régulièrement de modifier les jours de visite convenus, cela peut devenir très déstabilisant pour votre nouvelle famille.

Être inventif face aux contraintes

Lorsque les enfants ne sont pas tous présents en même temps au moment d'occasions spéciales ; lorsque vous aviez prévu la fête d'anniversaire du plus jeune, mais que le plus vieux est absent ; lorsque la fête de Noël semble incompatible avec l'horaire de tous les membres de votre famille ; lorsque, à Pâques, aucun enfant n'est présent pour recevoir le chocolat : voilà autant d'obstacles qui peuvent générer beaucoup de frustration.

Bien entendu, la vie en famille recomposée comporte ses inconvénients et a plusieurs impacts sur de nombreux individus. Il peut être difficile d'organiser des événements à certaines dates précises. Qu'à cela ne tienne, ne renoncez pas et soyez capable d'être inventive. Est-il absolument nécessaire de célébrer Noël le 25 décembre précisément ? Est-il nécessaire d'aller à toutes les réceptions de tous les membres de votre famille élargie tout le temps ? Est-il primordial qu'une telle personne soit absolument présente à cette occasion précise ? Soyez capable de remettre en question vos façons de faire habituelles. Demandez-vous ce qui compte vraiment pour vous. À quoi tenez-vous absolument et de quelle façon ? Ne tenez pas pour acquis que vous savez ce que veulent les autres membres de votre famille. Questionnez-les pour connaître leurs préférences. Au sujet de la grande famille élargie, peut-être découvrirez-vous, par exemple, que votre tante Gertrude ne tient pas tant que cela à recevoir chez elle. Interrogez-vous également ; peut-être ne souhaitez-vous pas réellement aller à cette réunion familiale précise.

De toute façon, peu importe les choix que vous ferez, vous ne pourrez pas plaire à tout le monde. Mettez vos limites et privilégiez l'harmonie de votre noyau familial. L'idéal, c'est d'être prévoyante et organisée. Interrogez votre conjoint et tous les enfants (même s'ils sont jeunes) pour savoir comment ils désirent célébrer un événement ou un autre. Exprimez clairement vos propres attentes. Conciliez les points de vue et innovez. Si tout le monde a eu son mot à dire, tous seront satisfaits et engagés. Si les visions semblent incompatibles, c'est le temps de faire preuve de souplesse ; peut-être faut-il que vous changiez votre façon habituelle d'agir. Si c'est impossible de plaire à tous, alternez les options, mais assurez-vous que c'est équitable et que personne ne passera son tour d'une fois à l'autre. Alors, n'ayez pas peur de fêter Noël le 3 janvier, d'opter pour une formule d'anniversaire différente ou d'explorer de nouvelles traditions. Qui sait, peut-être y prendrez-vous goût, mais une chose est certaine, c'est que vous commencerez à bâtir une histoire commune en agissant ainsi.

Prévoir des conseils de famille et établir des processus de solution de problèmes

Lorsqu'une situation devient particulièrement problématique ou qu'une décision à prendre concerne tous les membres de la famille, il est pertinent de prévoir un conseil de famille. Fixez à l'avance un moment précis afin que tous soient présents. S'il s'agit d'une décision à prendre, exposez clairement la situation et les enjeux qui en découlent. Soyez claire sur le fait que c'est votre partenaire et vous qui prendrez la décision finale, mais expliquez aux enfants que vous les réunissez pour avoir leurs impressions, car cela compte à vos yeux et peut même modifier votre point de vue. Animez la rencontre en vous assurant que tous auront l'occasion de s'exprimer. Ne tolérez pas que l'on coupe la parole ou que l'on banalise ou ridiculise une opinion. Parfois, certains enfants seront moins habiles que d'autres pour faire valoir leur point de vue, mais ils le deviendront, et cette compétence leur sera fort utile pour le reste de leur vie. Il est aussi possible que certains enfants soient récalcitrants, mais ne vous en faites pas, laissez-leur l'occasion d'y assister, offrez-leur la parole et s'ils ne la prennent pas, dites-leur que c'est leur choix de rester silencieux, mais « qui ne dit mot consent ». Habituellement, lorsqu'ils entendent les propos de tous, ils ne résistent pas à mettre leur grain de sel dans la discussion ; faites alors comme s'ils avaient toujours voulu y participer (autrement dit, abstenez-vous de commentaires comme : « Bon, finalement, tu te décides »).

Si vous organisez un conseil de famille afin de résoudre une situation problématique, le fait d'utiliser un processus de solution de problèmes vous sera d'un grand secours. Comme les défis en famille recomposée sont nombreux et que les mises au point sont fréquentes et nécessaires (surtout au début), cette technique est fort pratique. Si vous savez vous en servir adéquatement, tous les membres développeront de bonnes habiletés à résoudre des problèmes, ce qui les outillera merveilleusement bien et contribuera à augmenter leur sentiment de confiance en eux. De plus, ce sera un bon antidote contre la propension à agir impulsivement ou, au contraire, à ne pas agir du tout, faute d'être incapable de prendre une décision.

Beaucoup d'auteurs ont écrit sur le processus de solution de problèmes (entre autres, Chalifour[12] et Poupart[13]). Afin que vous puissiez vous familiariser avec celui-ci, je vous propose de vous

---

12. J. CHALIFOUR. *L'intervention thérapeutique*, vol. 2, Montréal, Gaëtan Morin Éditeur, 2000, 291 p.
13. R. POUPART. *La participation et le changement planifié*, dans R. TESSIER, *Changement planifié et développement des organisations*, Paris, Collection Épi, 1973.

en présenter les étapes et les grands principes, en synthétisant les données empruntées à ces auteurs. La description de chacune des étapes est une adaptation libre ; ce segment sera suivi d'un exemple concret illustrant les étapes du processus par le biais d'une problématique vécue par la famille Lemenu.

Ne vous découragez pas si, au début, vous vous sentez malhabile de mettre cette technique en application. Il est normal d'éprouver un certain inconfort, surtout dans la mesure où plusieurs personnes y sont impliquées. Il est important de persévérer. Ici comme ailleurs, vous serez soumise aux étapes inhérentes à l'appropriation d'une nouvelle façon de faire. Vous savez que lorsque vous apprenez un sport, comme le tennis, au début, vous pensez à tous vos mouvements et à toutes les étapes de façon décortiquée. Pendant ce temps, cent balles peuvent vous passer sous le nez. Puis, un jour, vous réalisez que vous faites toutes les manœuvres de façon instinctive et naturelle. Vous ne savez même plus comment vous procédez, mais vous savez que vous le faites bien puisque vous marquez des points à tous les coups. Les habiletés et les techniques relationnelles fonctionnent de la même façon, donc laissez-vous du temps.

Avant d'aborder les étapes du processus, j'aimerais souligner le fait que je préfère parler de défis plutôt que de problèmes. Dans la mesure où, comme le prétendent certains, « il n'y a pas de problèmes, il n'y a que des solutions », le terme « défi » m'apparaît plus approprié. Le fait de relever des défis est beaucoup plus dynamisant que le fait de régler des problèmes. Toutefois, pour respecter l'esprit de la méthode, je resterai dans les termes qui y sont associés en utilisant, en l'occurrence, le mot « problème ».

Le processus de solution de problèmes

Étape 1 : définir le ou les problèmes

Dans le processus qui nous concerne, dire qu'il faille définir le problème, c'est comme dire que le feu dégage de la chaleur : c'est une évidence. Toutefois, derrière cette logique implacable se cachent toujours quelques aspects qui nous échappent. Êtes-vous certaine, dans les faits, que vous parvenez à établir adéquatement le ou les problèmes ? Regardons le tout d'un peu plus près. Définir un ou des problèmes, c'est déterminer ce qui ne va pas et pour qui. Les enfants, comme vous à l'occasion, peuvent avoir de la difficulté à trouver exactement ce qui ne va pas, donc à cerner le problème. De plus, une même situation n'occasionne pas les mêmes problèmes pour tous. Un problème survient lorsqu'il y a un écart de vision entre ce que vous considérez comme la situation idéale et la situation perçue. Ces visions varient énormément d'une personne à l'autre, ce qui modifie beaucoup la perception des problèmes. Donc, ne tenez jamais pour acquis que votre perception du problème est la seule qui soit. Demandez à chacun en quoi sa perception idéale diffère de la situation actuelle et définissez les problèmes à partir des écarts qu'il y a entre les deux visions.

En procédant de cette façon, vous aurez tôt fait de constater qu'effectivement les problèmes diffèrent d'une personne à l'autre, ou encore que certains d'entre vous n'ont pas de problème du tout par rapport à la situation que vous évoquez. Dans le premier cas, il est important de noter chaque problème et de les traiter un par un, car chacun comprend une solution qui lui est propre. Dans le second cas, il peut être difficile de mobiliser quelqu'un qui ne se sent pas interpellé par une problématique. Si la personne n'éprouve pas de problème avec la situation, demandez-vous si les solutions envisageables peuvent avoir un impact sur elle. Si la réponse est non, cette personne n'a pas à participer au processus. Si la réponse est oui, mais que cette personne manifeste de la désinvolture, signifiez-lui qu'elle peut se retirer plutôt que d'être apathique ou de mauvaise foi. Par contre, prenez la peine de lui spécifier qu'elle devra peut-être vivre avec des décisions qui auront un impact sur elle. Sachant cela, c'est elle qui choisira de rester et de participer, ou de partir.

À ce premier stade du processus, il est important, à mon avis, d'exprimer les émotions générées par la situation et de préciser les besoins non comblés. Il faut comprendre que ces derniers génèrent un stress. Car une situation devient problématique lorsque vous la percevez comme menaçante. Donc, là où il y a menace, il y a perception de problème ; et là où il y a une telle perception, il y a forcément des besoins non comblés de façon réelle ou anticipée. Le fait d'établir de tels besoins, à ce stade du processus, sera très efficace car cela peut vous ouvrir plusieurs perspectives pour la recherche de solutions.

Étape 2 : rechercher des solutions

À cette étape, c'est le temps de faire preuve de créativité. L'important est de prendre un problème à la fois et le but est de trouver des moyens de réduire l'écart entre la situation idéale et la situation perçue. Il va vous falloir envisager toutes les solutions possibles dans l'objectif de pouvoir faire une « proposition d'affaires à M. Problème » suffisamment alléchante pour que ce dernier accepte de quitter votre cerveau et de laisser le terrain vacant. Mais M. Problème est exigeant. Si vous lui offrez des solutions toutes faites qu'il a vu passer à plusieurs reprises dans son univers qui est votre cerveau, il fera probablement la fine bouche.

Dans ce contexte, il faut innover, mettre à contribution la force de l'équipe qui vous entoure, car leurs suggestions peuvent être fort intéressantes. De plus, afin de déjouer cet indésirable, vous devez être rusée. Pour ce faire, prenez-le de court en le sub-mergeant d'idées nouvelles et non censurées. Prenez une feuille et un crayon et notez, pêle-mêle, les idées qui fusent de partout (tant de vous que des gens qui vous entourent). À ce stade, nul besoin de parler tour à tour. Allez-y sans hésitation. Surtout, ne portez aucun jugement. Les solutions proposées peuvent être aussi loufoques qu'irréalistes. Profitez-en au passage pour allé-ger l'atmosphère avec un peu d'humour. Ne laissez personne cri-tiquer. Soyez un modèle, permettez à tous de s'exprimer librement et abondamment. N'oubliez pas que c'est avec des parcelles d'idées rapiécées que vous arriverez à séduire M. Problème.

Cette étape se termine lorsque vous arriverez à saturation. Si personne n'a plus rien à dire ou si vos propos tournent en rond, c'est signe que vous pouvez arrêter. Si, par contre, vous n'avez que deux solutions sur votre liste, il y a un problème (eh oui, un de plus!). Peut-être que vos troupes manquent de stimulation. Dans ce cas, il ne faut pas capituler, mais bien donner l'exemple. Allez-y gaiement et votre entrain pourra stimuler le groupe.

Étape 3 : choisir des solutions

À l'aide de votre liste, vous allez maintenant pouvoir penser à des solutions et faire le choix de celles qui vous conviennent. À ce stade, vous préparez l'élaboration de votre offre d'affaires pour M. Problème. Évidemment, le choix final des solutions doit se faire par les personnes concernées par le problème discuté. Sinon, votre proposition est nulle et non avenue (j'ai appris ces termes avec des avocats!), car c'est comme si vous faisiez une offre sans aucun droit de le faire. Cette façon de procéder est une fraude et, bientôt, vous constaterez que c'est vous-même que vous frau-dez. Autrement dit, si vous tentez d'imposer votre solution à un problème qui appartient à l'autre, vous verrez bien vite que ce dernier ne l'appliquera pas et vos efforts auront été vains. Cela dit, lorsque la ou les solutions sont choisies, c'est comme si votre proposition d'affaires était montée. Dans ce cas, assurez-vous de la faire approuver par le conseil, c'est-à-dire tous les membres de votre famille concernés. Pour ce faire, voici une liste de questions mettant à l'épreuve vos choix de solutions:

- Est-ce que la solution envisagée permet de résoudre le problème qui a été défini?

- Est-ce que nous avons les compétences pour appliquer la solution envisagée? Sinon, y a-t-il moyen de combler cette lacune?

- Est-ce que la solution envisagée est réaliste en fonction des coûts, des efforts exigés, du nombre de personnes qu'elle implique et du temps qu'elle requiert?

- L'application de la solution envisagée génère-t-elle des craintes, de l'inconfort? Si oui, il peut être approprié de choisir une solution moins efficace, mais plus facile à gérer pour la ou les personnes concernées.

- Est-ce que le choix des solutions envisagées respecte les valeurs des personnes en cause? (Par exemple, la solution retenue pour qu'un adolescent soit plus présent à la maison est que son amie de cœur dorme chez vous. S'il est question qu'elle dorme dans le même lit que votre fils et que c'est contre vos valeurs, la solution ne peut être choisie.)

Si la réponse à toutes ces questions, sauf pour l'avant-dernière, est oui, la ou les solutions sont adéquates. Il est maintenant temps de vous préparer pour passer à l'action.

Étape 4 : planifier la mise en œuvre de la solution
Maintenant que vous avez trouvé la ou les solutions, il ne faut pas partir dans tous les sens. Il est important de préparer stratégiquement la mise en œuvre, le passage à l'acte.

Pour être efficace, vous devrez donc planifier qui fait quoi et quand. La seule façon de ne pas voir tous vos efforts anéantis et de ne pas être déçue consiste à être très précise sur ces points. Autrement, vous pourriez vite constater que les choses ne se passent pas comme vous l'aviez envisagé.

Étape 5 : évaluer

Cette étape, importante, est très souvent négligée. Faire un processus de solution de problèmes en omettant ce point, c'est comme être en affaires, participer à l'élaboration d'un contrat, mais ne jamais demander au négociateur s'il a conclu la vente. Vous devez absolument savoir, car si la vente est conclue, vous n'avez plus d'énergie à consacrer à ce dossier, il est fermé. Par contre, si elle ne l'est pas, vous devez savoir quelle étape de la négociation a échoué. N'oubliez pas que cette vente est vitale pour le bon fonctionnement de votre entreprise ; il n'est pas question de laisser aller les choses. Si vous ne faites pas cette évaluation, vos partenaires sentiront que vous les avez abandonnés. En comprenant pourquoi certaines choses ont cloché, vous serez en mesure de réévaluer vos solutions afin d'en élaborer de plus efficaces. Comme le disait Einstein : « Je n'ai pas échoué, j'ai trouvé dix mille moyens qui ne fonctionnent pas. » Donc, ne soyez pas défaitiste et continuez le travail. Cette étape vous permet justement de le faire. À coup sûr, vous serez contente, car lorsque M. Problème aura quitté le terrain, vous pourrez récupérer l'espace cérébral qu'il aura laissé vacant et l'utiliser de façon plus efficace.

Exemple de processus de solution de problèmes avec la famille Lemenu

La famille Lemenu est une famille recomposée. Martin, le conjoint de Julie, a deux enfants, Thomas et Mélanie, qui ont respectivement onze ans et six ans. Julie a une fille de neuf ans qui s'appelle Sabrina. Tous les enfants de la maisonnée vivent ensemble, pratiquement à temps plein. Depuis un certain temps, la famille Lemenu éprouve beaucoup de problèmes au cours des repas. Dans les circonstances, les parents décident de prévoir un conseil de famille et de mettre en marche un processus de solution de problèmes.

Étape 1 : définir le ou les problèmes

Il est convenu que chacun doit respecter le droit de parole de l'autre. Les parents décident d'amorcer la discussion afin de donner l'exemple et les enfants s'exprimeront par la suite, à tour de rôle, dans le sens des aiguilles d'une montre. Les propos se résument comme suit.

Julie: «Je trouve que les heures de repas sont infernales, car il y a toujours de la mésentente et des engueulades. De plus, lorsque c'est moi qui prépare le repas, il y en a toujours un de vous [les enfants] qui repousse son assiette en affirmant ne pas l'aimer. Je suis découragée et frustrée, car j'aurais besoin à l'occasion d'être reconnue pour ce que je fais. Idéalement, j'aimerais un repas harmonieux où tout le monde apprécierait ce que j'ai préparé. Mon problème, c'est qu'actuellement ce n'est pas le cas.»

Martin: «Je remarque moi aussi que l'heure du repas est toujours stressante, car tout le monde se chicane. Après ma journée de travail, je suis fatigué et j'ai besoin de calme et d'harmonie. Le problème est que je rêve de cette harmonie, mais je n'arrive pas à l'obtenir et je deviens contrarié.»

Sabrina: «Moi, ce qui m'énerve, c'est que Thomas n'arrête pas de m'agacer et ça me fâche. Je voudrais être tranquille quand je mange. Mon problème, c'est que je ne le suis pas, surtout quand tout le monde finit par se chicaner.»

Thomas : «Moi, ce que je n'aime pas avec les repas, c'est qu'on mange toujours des choses que je déteste. On dirait que personne ne veut jamais faire ce que j'aime. Moi, dans un monde idéal, je voudrais toujours manger ce que j'aime au lieu de manger des choses justes bonnes pour la santé. J'ai besoin qu'on respecte aussi mes goûts. Mon problème, c'est que ça n'arrive jamais. »

Mélanie : «Moi, je n'ai pas de problème avec le repas, sauf quand papa se met en colère parce qu'il élève la voix et je n'aime pas ça. Après, je n'arrive plus à manger. »

À la lumière de ce qui a été dit, les parents dressent la liste des problèmes et les résument de la façon suivante :

- Problème de manque d'harmonie familiale au cours des repas pour Julie, Martin, Sabrina et Mélanie ;
- Problème d'appréciation des repas pour Julie et Thomas ;
- Problème de harcèlement pour Sabrina de la part de Thomas qui fait des petits gestes de «tâtonnement». (Ici, les parents ont dû faire préciser le problème par Sabrina afin de bien le cerner. Cela est souvent nécessaire ; ne tenez pas pour acquis que vous comprenez le problème.)

La famille Lemenu est maintenant prête à passer aux autres étapes de la solution de problèmes. D'un commun accord, tous décident de débuter par le deuxième problème, celui de l'appréciation des repas (il est très judicieux de commencer par un problème considéré comme plus simple et plus facile à résoudre, car cela est moins difficile et augmente la confiance en soi). Afin de ne pas étirer l'exemple, j'illustrerai l'ensemble des étapes du processus seulement avec ce problème précis. Par contre, chaque étape doit être complétée pour chacun des problèmes mentionnés.

Étape 2 : rechercher des solutions

Comme il se doit, la famille fait maintenant un inventaire des solutions possibles sans se censurer. Voici ce que cela donne :

- Que l'on aille manger dans un restaurant de bouffe rapide tous les soirs ;
- Que les enfants cuisinent les repas ;
- Que l'on engage un chef cuisinier ;
- Que l'on achète des aliments de type *fast food* mais bons pour la santé ;
- Que Thomas dresse une liste des repas qu'il aime ;
- Que Julie apprenne à faire seulement des desserts comme repas ;
- Que tout le monde mange uniquement ce qu'il veut dans son assiette ;
- Que Julie ne fasse les repas que pour Martin ;
- Que toutes les personnes qui n'aiment pas le repas se taisent ;
- Que Julie prépare un repas pour chacun ;
- Que l'on puisse donner ce que l'on n'aime pas au chien.

Une fois que la famille a terminé l'exercice, elle passe maintenant à l'étape suivante.

Étape 3 : choisir des solutions

En examinant chacune des solutions, la famille élimine tous les éléments qui sont trop coûteux, infaisables ou contre ses valeurs. En définitive, Julie et Thomas retiennent les solutions suivantes :

- Que tous les enfants fassent une liste des repas qu'ils préfèrent ;

- Que les repas, dans la mesure du possible, soient santé et correspondent aux goûts des enfants;
- Que les enfants puissent être dispensés de manger certaines choses, mais seulement après en avoir mangé une petite quantité;
- Que les membres de la famille remercient Julie lorsqu'ils apprécient quelque chose.

Chacune de ces solutions est réévaluée à la lumière des questions relatives à cette étape. Remarquez qu'aucune des solutions n'est identique à celles inscrites à la deuxième étape, mais elles s'en inspirent toutes d'une façon ou d'une autre. La famille est maintenant prête à élaborer le plan d'attaque.

Étape 4 : planifier la mise en œuvre de la solution

- Thomas et Sabrina dresseront une liste des repas qu'ils préfèrent avant dimanche prochain. Demain, Julie accompagnera Mélanie afin de l'aider à écrire sa liste;
- D'ici deux semaines, Julie et Martin feront des recherches sur Internet afin de trouver des variantes de repas plus santé que ceux choisis par les enfants;
- Ce sont les enfants qui détermineront les quantités à manger lorsqu'ils n'aimeront pas tel ou tel mets, mais ce sont les parents qui approuveront. Les enfants s'engagent à procéder de cette façon dès maintenant;
- Tous les membres de la famille promettent de remercier Julie lorsqu'ils apprécient la nourriture, et ce, dès maintenant.

Ces solutions sont écrites et chacun des membres de la famille s'engage sur-le-champ à faire ce qui a été convenu. Tous vont maintenant pouvoir passer à l'action.

Étape 5 : évaluer

Au bout d'un mois, la famille évalue la situation. Julie et Thomas conviennent que leur problème est presque résolu, mais quelques petits irritants persistent. Comme la mise en œuvre a concerné tous les membres de la famille, chacun fait part de ses impressions. La famille réévalue alors chacune des solutions.

- Solution 1 : Cette solution est un franc succès ;
- Solution 2 : Ici, Julie et Martin ont trouvé quelques repas santé, mais leurs recherches se sont avérées plus ou moins fructueuses. De plus, certains repas des enfants correspondent aux normes de la santé, mais ne plaisent pas au couple. Après réévaluation, la famille décide que pour composer avec les différences, les parents cuisineront dorénavant un repas par semaine selon leurs goûts tout en concoctant autre chose aux enfants. Un autre soir, ils prépareront un repas que les enfants s'engagent à découvrir et les autres soupers seront consensuels (ceux qui, depuis un mois, ont été appréciés de tous tout en étant santé).
- Solution 3 : Cette solution est un franc succès.
- Solution 4 : Cette solution est un échec total. En essayant de comprendre pourquoi, les membres se rendent compte que c'est parce qu'ils oublient de le faire. Après évaluation, Julie s'aperçoit qu'elle ressent moins le besoin d'être gratifiée et s'engage à poser elle-même la question afin de vérifier la satisfaction de tous lorsqu'elle désire des remerciements. De plus, Martin s'engage, par solidarité envers Julie, à rappeler occasionnellement aux enfants de la remercier.

Un mois plus tard, au cours d'un repas, la famille rit et constate que les problèmes entourant l'heure du souper ont disparu et que toutes les solutions (même celles inhérentes aux autres problèmes traités) ont porté des fruits.

Quoi répondre à certaines phrases ?

Plusieurs parents de familles recomposées sont confrontés à des propos déroutants de la part des enfants. Loin de moi l'idée d'en faire l'inventaire exhaustif et de vous proposer des réponses toutes faites. Toutefois, comme ces paroles peuvent parfois être déstabilisantes, je vous suggère des répliques qui pourraient peut-être vous inspirer. En effet, si vous avez déjà réfléchi à une façon de faire face à certains propos, vous aurez moins de chances d'être prise de court et de répondre maladroitement. Voici quelques exemples.

- Enfant : « Ce n'est pas de tes affaires, tu n'es pas ma mère. »

  Belle-mère : « Je sais que je ne suis pas ta mère et je n'essayerai jamais de la remplacer. Cela dit, je te demande tout de même de faire ce que je t'ai demandé. »

- Enfant : « Si c'est comme ça, je vais aller vivre chez papa. »

  Mère : « Si tu veux aller vivre chez ton père, c'est parfait, je ne t'empêcherai pas d'y aller. Par contre, je n'accepterai jamais que tu fasses du chantage, et encore moins avec une question aussi importante. Dans ces conditions, il n'y a aucune négociation possible. Me suis-je bien fait comprendre ? »

- Enfant : « Chez maman, on peut toujours se coucher beaucoup plus tard. »

  Père : « J'entends bien ce que tu me dis, mais, ici, c'est différent et je te demande de respecter les règles. »

- Enfant : « Tu n'as pas le droit de me dire quoi faire. »

  Beau-père : « En tant qu'adulte vivant dans cette maison, j'ai mon mot à dire et j'ai le droit d'être respecté. Je réitère donc ma demande. »

- Enfant : « C'est mon frère, je sais comment on doit faire avec lui. »

  Belle-mère : « Je sais que c'est ton frère et que tu es compétente avec lui. C'est bien que tu te préoccupes de lui et je te remercie pour tes conseils. Toutefois, en ce moment, c'est moi l'adulte et c'est moi qui en ai la responsabilité, alors je te demande de te retirer maintenant. »

- Enfant : « Quand on est chez papa, on peut manger tous les biscuits qu'on veut. »

  Mère : « J'ai des doutes sur ce que tu me dis, je vais appeler ton père afin de vérifier ton affirmation. »

- Enfant : « Tu n'as pas à te mêler de notre chicane, tu n'es pas notre parent. »

  Beau-père : « Je ne suis pas votre parent, mais je suis un adulte et ce que je vois est inacceptable, alors je me dois d'intervenir. »

- Enfant : « Maman ne fait pas les choses comme ça, elle. »

  Belle-mère : « Je sais que je suis différente de votre mère et je le serai toujours, mais laissez-moi la chance de vous montrer comment je procède. »

- Enfant : « Je n'ai pas envie de faire comme tu le dis. »

  Beau-père : « Je sais que tu es très frustré et que ça ne te convient pas, mais nous vivons ensemble et nous n'avons pas le choix de nous en accommoder. J'aimerais que les choses se passent bien entre nous. Qu'en penses-tu ? »

- Enfant : «Tu n'es pas gentille, je te déteste.»

  Belle-mère : «Ce que tu me dis me blesse, mais je sais que tu es fâchée. Je sais également que tu n'es pas obligée de m'aimer même si je souhaite que l'on puisse éventuellement s'apprécier mutuellement. Pour l'instant, tout ce que je te demande, c'est de me respecter [n'oubliez pas la fameuse distance psychologique].»

Droits et responsabilités

La famille recomposée, comme toutes les familles, est le reflet microcosmique d'une société. Dans une société, nous avons des droits et des responsabilités qui contribuent à ce que l'individu vive en harmonie avec son environnement. L'harmonie s'acquiert facilement lorsque chacun assume ses responsabilités tout en constatant que ses droits sont en retour respectés. Le paradoxe veut que, parfois, choisir d'être libre se fasse à la condition d'avoir compris l'importance de respecter et d'assumer volontairement certaines limites. Je n'ai pas la prétention de vous donner un cours de philosophie, mais je trouve que de réfléchir sur les concepts de droits et de responsabilités peut vous inspirer des moyens efficaces pour bien vivre en famille recomposée. Il est évident que les droits et les responsabilités individuels qui concernent une famille recomposée sont les mêmes que ceux que l'on trouve dans toute société. En voici un certain nombre.

Droits

On doit avoir le droit d'être triste, d'être en colère ou d'avoir des peurs (pour moi, toutes les autres émotions contraignantes découlent de ces trois émotions de base). Le droit d'aimer librement ; de ne pas aimer ; de s'exprimer, d'être différent ; de changer ; de choisir; d'avoir du plaisir; de se donner du temps; de vivre de l'intimité; de maintenir des relations; d'être respecté; de faire des erreurs, etc.

Responsabilités

On a la responsabilité de se respecter; de respecter les autres; d'exprimer clairement ses besoins; comme adulte, d'assumer pleinement son rôle de parent; d'être un modèle pour les enfants; d'être à l'écoute; d'ajuster ses comportements si la situation l'exige; de prendre et d'assumer ses décisions, etc.

À quoi s'attendre avec les jeunes d'aujourd'hui?

Même si parfois «plus ça change, plus c'est pareil», les générations se suivent, mais ne se ressemblent pas nécessairement. En votre qualité de parent ou de beau-parent, surtout si, dans le second cas, vous n'avez jamais vécu avec des enfants auparavant, il vous sera utile de lire les prochaines lignes afin de savoir à quoi vous attendre avec les jeunes d'aujourd'hui.

La génération actuelle, que l'on nomme la génération Y, se distingue des précédentes sur plusieurs points. Ces jeunes, plus que tous ceux qui les ont précédés, ont accès à une quantité phénoménale d'informations. Ils sont ouverts sur le monde, mieux renseignés dans l'ensemble, par exemple, sur les grands enjeux environnementaux, sur l'injustice, sur les disparités économiques qui fracturent notre monde. Il est faux de croire qu'ils sont désengagés et non solidaires. Moins portés sur les grandes revendications sociales, ils peuvent se mobiliser autour de leurs convictions. Ils sont conscientisés et concernés même si, toutefois, ils sont plus individualistes.

À une époque où tout bouge à une vitesse effrénée, ils doivent développer une grande capacité d'adaptation, d'autant plus que plusieurs choses sont éphémères autour d'eux. Ils passent parfois d'une école à une autre, ils changent souvent d'enseignants, ils ont des relations moins stables, leur contexte familial se modifie plus fréquemment au gré des événements et ils seront appelés à changer plusieurs fois de carrière dans leur vie. De plus, ils font face à une très grande quantité de choix. Ils doivent choisir parmi plusieurs cours, plusieurs programmes et plusieurs orientations. Cette surabondance de stimuli peut contribuer à les rendre anxieux et apathiques. Dans ce contexte, il est important de leur procurer des zones de stabilité et de calme.

Ils sont également les enfants du multimédia ; ils savent très bien se servir d'un ordinateur, d'un iPod ; ils clavardent aisément avec des internautes ; ils trimbalent un cellulaire avec eux qu'ils peuvent renouveler fréquemment pour rester *in* (au moment où vous lisez ces lignes, de nouveaux appareils sont sûrement sur le marché). Ils naviguent avec tous ces instruments aussi bien en les utilisant de façon simultanée qu'à tour de rôle. Ne vous étonnez pas de voir un adolescent clavarder en même temps qu'il parle au téléphone et qu'il écoute de la musique sur son ordinateur ! Je me souviens avoir été quelque peu déconcertée en voyant ma fille agir exactement de la même façon. Il n'en demeure pas moins que cette réalité implique que les jeunes s'ennuient plus facilement lorsqu'ils n'ont pas de stimulation. Par contre, n'hésitez pas à mettre leurs talents à profit pour vous actualiser sur le plan technologique.

En terminant, je m'en voudrais de ne pas conclure, à leur sujet, sur une note optimiste. Les jeunes d'aujourd'hui ont appris à s'exprimer, à négocier et à réfléchir par eux-mêmes ; ils ont un esprit familial plus démocratique. Ne vous attendez pas à imposer votre point de vue de façon unilatérale. Soyez capable de négocier, soyez affirmée dans vos arguments et faites appel à leur intelligence. Quoi qu'il en soit, inutile de dire que nos jeunes, on les aime tels qu'ils sont.

Tenir compte de l'aspect légal

Le fait, semble-t-il, que les conjoints sont mariés ajoute un élément de stabilité à la famille recomposée. Il est clair, à tout le moins, que les partenaires qui légalisent leur union démontrent davantage leur engagement mutuel aux yeux de leurs enfants et de leur entourage. Cette façon de procéder confère plus de crédibilité à leur projet de vie commune. Toutefois, mon but n'est pas de vous inciter à vous passer la bague au doigt, mais plutôt à tenir compte de votre situation légale. Selon Statistique Canada, 64 % des personnes de vingt-cinq à trente-quatre ans ont déjà vécu ou vivent actuellement en union libre. Si c'est votre cas et que vous n'avez pas signé de contrat de vie commune, il y a plusieurs choses que vous devriez savoir; voici les principales.

- Vous n'êtes pas protégé légalement au même titre que les gens mariés ou unis civilement. Vous ne bénéficiez pas des dispositions touchant le patrimoine familial, ce qui veut dire que vous n'avez pas le droit au partage des biens acquis par votre conjoint pendant votre vie commune (meubles, maison, chalet...). Tout ce que votre partenaire a acquis, uniquement à son nom, lui revient de droit à lui et à lui seul.

- Si votre conjoint ou vous n'avez pas légalisé votre situation avec vos ex-partenaires, ceux-ci sont encore considérés comme vos époux respectifs; dépêchez-vous donc d'entreprendre les procédures nécessaires afin de remédier à la situation.

- Si votre partenaire actuel décède sans testament, ses enfants et son ex-partenaire, s'il n'est pas séparé légalement ou divorcé, sont désignés héritiers légaux. Qui plus est, non seulement tout ce montant d'argent sera gelé pendant des mois, mais également, si les enfants ne sont pas majeurs ou en âge autorisé par le dernier testament valide, c'est l'autre parent biologique qui gérera les fonds (même si votre conjoint était divorcé de cette personne).

- Si vous vous séparez de votre partenaire actuel, vous aurez le droit de bénéficier d'une pension alimentaire pour vos enfants nés de votre union, mais jamais pour vous-même.

Voici donc quelques conseils concernant l'aspect légal. Je dois souligner le fait que pour les rédiger, j'ai obtenu la précieuse collaboration de Me Diane Giroux, spécialiste en droit familial, que je remercie sincèrement.

Si ce n'est pas déjà fait, il est très important de vous protéger. Voici quelques conseils de base qui pourraient vous être utiles. Avant tout, je tiens à vous encourager à consulter un notaire ou un avocat, car ces derniers sont beaucoup plus qualifiés pour vous conseiller adéquatement.

- Signer un contrat de vie commune. Encore une fois, n'hésitez pas à faire appel à un notaire ou à un avocat, puisque ce contrat deviendra créateur de droit entre votre conjoint et vous. En fait, dès sa signature, ce contrat sera applicable et exécutoire quant à son contenu, même si les obligations ainsi créées l'un à l'égard de l'autre sont plus importantes que celles prévues pour les gens mariés.

À titre d'exemple, vous pourriez convenir des éléments suivants : pension alimentaire entre conjoints ; partage de vos actifs ; possibilité de partager vos REER, fonds de pension et gains accumulés auprès de la Régie des rentes du Québec avec votre conjoint, sans incidence fiscale ; partage des frais pendant la vie commune ; toutes autres questions que vous jugeriez pertinentes.

Toutefois, rappelez-vous que vous devrez vivre avec le contenu de votre entente dans le futur, à moins que les deux conjoints ne consentent à la modifier. Il est donc très dangereux de signer un contrat standardisé sans avoir préalablement requis les conseils d'un juriste, car il vous est difficile d'évaluer les conséquences futures des dispositions prévues à ce contrat.

- Assurez-vous de mettre à jour vos testaments ou d'en faire un si ce n'est déjà fait.

- N'oubliez pas de rédiger un mandat d'inaptitude ; vous pourriez désigner votre conjoint de fait pour s'occuper de vos biens ou de vous-même, si vous n'êtes plus en mesure de le faire.

- Pensez à changer vos bénéficiaires d'assurances si c'est votre désir.

- Achetez, si possible, tous vos biens importants en copropriété dans la mesure où ils sont acquis par les deux conjoints ou que vous avez l'intention de partager éventuellement cet actif avec votre conjoint.

Sachez qu'il y a plusieurs façons de légaliser votre union. Ainsi :

- vous pouvez vous marier religieusement dans la mesure où vous n'avez jamais été marié précédemment ;

- vous pouvez vous marier civilement dans la mesure où vous avez déjà été marié, mais que vous êtes divorcé ;

- vous pouvez procéder par la voie de l'union civile dans la mesure où vous n'avez jamais été marié ou que vous êtes divorcé ;

- dans les trois cas, les effets sont les mêmes, sauf que, dans le cas de l'union civile, les conjoints peuvent mettre fin au mariage par une déclaration commune notariée ou par jugement du tribunal. Dans le cas du mariage, la seule façon de mettre fin au mariage est par la voie d'un jugement du tribunal.

Finalement, il est important de savoir que les dispositions légales concernant les enfants sont d'ordre public et qu'elles s'appliquent de la même façon, que vous soyez tous deux conjoints de fait ou mariés.

***

Force est de constater que, dans nos sociétés actuelles, la famille est en changement. Le modèle de famille recomposée s'inscrit à l'intérieur de ce changement. Dans la famille plus traditionnelle, le maintien de l'entité familiale avait tendance, au nom de principes religieux, à l'emporter sur le bonheur individuel. Cependant, ce n'est plus le cas aujourd'hui, car un conjoint se sent en droit de rompre les liens familiaux sur ce simple motif. L'harmonie et l'épanouissement personnels sont donc des conditions nécessaires au bon fonctionnement des familles actuelles. Cette réalité m'apparaît être un gain. Mais aujourd'hui comme hier, on continue de considérer la famille comme un lieu d'échange, de solidarité, de protection et d'épanouissement. Sans échapper à cet idéal, la famille recomposée peut contribuer, en plus, à développer la tolérance, l'ouverture, la négociation et l'acceptation. Ces aspects sont certainement non négligeables.

Chapitre 6

L'environnement : bien composer avec les deuils nécessaires pour façonner un nouvel univers familial

Lorsqu'on vit en famille recomposée, il faut accepter de faire certains deuils. Il n'est pas toujours facile de constater à quel point votre situation actuelle ne correspond pas à ce que vous aviez envisagé comme modèle de famille idéale. Si vous vous accrochez à cet idéal en vous faisant croire, par exemple, que les enfants de votre conjoint sont les vôtres et que vous essayez de reproduire un modèle de famille traditionnelle, vous risquez d'éprouver des difficultés. Tout comme le fait de tenter de recréer les mêmes habitudes familiales que vous aviez avant votre rupture serait une erreur. Par contre, il n'est pas question de dire: «On efface tout et on recommence.» Vous ne recommencez rien, vous continuez votre vie. Forte de vos expériences et de vos apprentissages, vous devez être pleinement consciente que vous faites aujourd'hui de nouveaux choix dans un nouveau contexte. Pour ce faire, vous devez renoncer à certains éléments du passé.

Les deuils nécessaires

En regard du conjoint

Si l'homme que vous aimez a déjà des enfants au moment de votre rencontre, il est possible que vous vous soyez fait la réflexion suivante: «Tout serait si parfait s'il n'avait pas eu d'enfants.» Bien sûr, il faut vous rendre à l'évidence, l'élu de votre cœur a bel et bien des enfants. Si, à certains moments, vous avez l'impression que cette évidence fait obstacle à votre bonheur, rappelez-vous ceci, dix fois plutôt qu'une: «La personne que j'aime vient avec des enfants; ça fait partie de lui et c'est lui que j'ai choisi d'aimer.»

Un autre aspect à prendre en considération est le suivant: votre conjoint n'est pas le parent biologique de vos enfants. Même s'il peut être attaché à vos bambins et être extrêmement compétent envers eux, il ne sera jamais leur père. Cette autre évidence se fait sentir dans certains événements de la vie quotidienne. Vous pourriez, par exemple, être confrontée au fait qu'il n'y a pas cette joie ou cette lumière étincelante dans les yeux de votre partenaire au moment où votre fils fait un bon coup. Pas plus, peut-être, qu'il n'y aurait ce sourire complice et ému devant une coquinerie de votre fille. Et, non, vos enfants ne sont pas la septième merveille du monde aux yeux de votre conjoint. Il n'est pas question de prétendre que celui-ci est incapable d'empathie face à eux, mais plutôt qu'il n'aura peut-être pas une attitude aussi émerveillée que la vôtre, tout en n'arborant pas cette expression aussi « gaga » qu'ont les parents. Au début, cette constatation peut vous procurer un petit pincement au cœur. C'est exactement ce que j'appelle faire des deuils ; c'est dans ces moments anecdotiques que vous réalisez d'inéluctables faits. Effectivement, vous constatez que, non, votre partenaire n'est pas et ne sera jamais le parent biologique de vos enfants. Cela dit, soyez patiente, car les liens tissés au fil du temps peuvent éventuellement provoquer, chez votre partenaire, un sentiment authentique de fierté à un moment où vous ne vous y attendrez plus.

En regard des enfants

Bien des beaux-parents, remplis de bonnes intentions, s'imaginent qu'ils pourront aimer les enfants de leur partenaire de la même façon qu'ils aiment leurs propres enfants. Bien qu'il soit tentant de le croire, il est plutôt improbable qu'il en soit ainsi. Surtout au début, il est irréaliste de vous imaginer aimer instantanément les enfants de votre conjoint. Vous ne vivrez probablement pas, par exemple, le coup de cœur foudroyant que vous avez éprouvé en voyant votre bébé pour la première fois. Il n'y a pas de honte à aimer différemment et graduellement des enfants qui vivent auprès de vous et qui ne sont pas les vôtres. Le sachant, vous ne pourrez qu'apprécier les gains que vous ferez au fil du temps et qui peuvent vous mener à un attachement très profond. Ainsi, vous éviterez de vous mettre une pression énorme sur les épaules, ce qui ne pourrait qu'engendrer des frustrations. Soyez également consciente, comme nous l'avons vu au chapitre 3, qu'il est possible que vous ne développiez jamais de liens significatifs avec l'un des enfants de votre partenaire, sans pour autant vous sentir coupable.

De plus, vous devez réaliser que les enfants de votre partenaire risquent d'être toujours très loyaux envers leurs deux parents biologiques. Vous devrez faire le deuil de ne pas avoir nécessairement la première place dans leur cœur. Il peut être difficile de constater que vous êtes complètement éclipsée, par exemple, à l'arrivée de la mère des enfants. De plus, si vous vous échappez et faites une critique sur l'un des parents, vous réaliserez à quel point l'enfant court farouchement à sa défense. Quoi qu'on en pense, les liens du sang sont très forts. La preuve en est faite par des enfants qui, dans certains cas, préfèrent rester avec des parents inadéquats que d'être privés de leur présence et placés en foyer d'accueil. Rappelez-vous que cette loyauté est normale et correcte. Cela n'enlève rien à votre valeur, même si ce n'est pas toujours facile d'avoir parfois l'impression de passer au second rang. Plus vous laisserez aux enfants la liberté d'exprimer la force de leur lien, plus vous vous rapprocherez d'eux.

En regard de la famille élargie

Évidemment, vous avez peut-être constaté à quel point vous avez dû faire des deuils par rapport à votre ex-belle-famille. À moins d'avoir réussi à garder contact avec quelques-uns de ces membres, vous avez dû couper les ponts. Même si cela a pu vous paraître blessant, il est normal que les familles aient le réflexe d'entourer l'un des leurs, plutôt que vous, et de se resserrer autour de lui dans les périodes difficiles. Bref, faire le deuil de votre belle-famille est parfois tout aussi douloureux que de faire le deuil de votre ex-conjoint.

Quant à votre nouvelle belle-famille, elle a également certains deuils à vivre. Peut-être que les membres appréciaient particulièrement l'ex-partenaire de votre conjoint. N'oubliez pas que si, pour le couple, la séparation a pu être prévisible, pour la belle-famille, ce n'est pas toujours le cas. Devant le fait accompli, les membres sont souvent bouleversés et il leur faut du temps pour s'adapter à cette nouvelle réalité. Qui plus est, le contexte dans lequel se fait votre arrivée aura de l'influence sur leurs comportements. Si vous êtes perçue comme celle qui a brisé la précédente union, ce n'est pas la même chose que si vous apparaissez plus tard, en salvatrice du partenaire délaissé. Selon les circonstances, vous pourriez être accueillie à bras ouverts ou ne pas l'être du tout. De toute façon, vous devrez faire le deuil du fait que, aux yeux de votre nouvelle belle-famille, vous n'êtes pas la première conjointe de votre partenaire ni la mère de ses enfants. Vous devrez apprendre à vivre avec l'idée qu'une personne vous a précédée et a occupé une place dans leur cœur. Vous devrez également vous laisser du temps pour faire votre propre place.

Consciente des deuils que vous avez à faire face à la belle-famille, il est important d'être sensible à ceux que devra faire votre propre famille élargie. Pour vos parents, qui sont d'une autre génération, votre séparation a pu être perçue comme un événement dramatique. De plus, ils peuvent être très inquiets au sujet de vos enfants. Il est toujours impressionnant de constater à quel point les grands-parents vouent un amour incommensurable à leurs petits-enfants. Cette relation est d'autant plus significative que ceux-ci ont accumulé une expérience parentale qui les rend confiants, tout en étant dépouillés du stress des responsabilités liées à l'éducation. Dans de telles conditions, il ne leur reste plus qu'à aimer librement.

Compte tenu des changements qui régissent maintenant votre propre vie, laissez-leur un temps d'adaptation si vous avez décidé, par exemple, de convoler en justes noces. Ma mère, pourtant très ouverte, me disait à quel point cela lui parut étrange de me voir au bras d'un homme qu'elle ne connaissait pas, après m'avoir vue avec mon ex-mari pendant dix ans. Le but n'est pas de cacher votre nouvel amour, mais plutôt d'être compréhensive. Tous les membres de votre famille doivent trouver leur place dans votre nouvel univers. Il n'est pas facile pour vos parents, par exemple, de savoir comment se situer par rapport aux enfants de votre partenaire. Ils peuvent avoir peur de s'investir émotionnellement, ne sachant pas si votre relation va durer. Par contre, comme pour le rôle de beau-parent, il conviendra que les grands-parents soient équitables envers tous les enfants.

En définitive, soyez ouverte tout en exprimant à vos parents vos sentiments et vos attentes de façon claire. Vos parents peuvent avoir été démesurément impliqués dans votre séparation, ce qui n'est pas sain, surtout s'ils contribuent à augmenter l'animosité qu'il peut y avoir entre votre ex-conjoint et vous ou s'ils s'immiscent dans vos décisions; dans un tel cas, c'est à vous à mettre vos limites. D'un autre côté, ils peuvent sembler distants et peu compatissants vis-à-vis de vous en voulant adopter une position plutôt neutre face aux discordes qui persistent concernant votre séparation. Cette attitude est certainement compréhensible, à condition qu'ils puissent tout de même vous manifester leur empathie. N'oubliez pas que, bien que cela puisse vous sembler inopportun, vos parents peuvent vouloir garder contact avec votre ex-conjoint, contact qui pourrait être motivé par la peur de moins voir ou de ne plus voir leurs petits-enfants. C'est à vous de discuter avec eux de vos zones mutuelles de confort.

Dans tous les cas, les changements induits par votre rupture et votre nouvelle union ont certainement généré de fortes émotions pour votre parenté. Si certains conflits étaient latents entre vos parents ou frères et sœurs et vous, le contexte peut avoir contribué à faire en sorte que vos relations dégénèrent. Par contre, si vous vivez des conflits avec vos parents, sauf exception, il serait odieux de les priver de leurs petits-enfants. En effet, outre l'aspect peu reluisant qu'évoque le chantage, vous pénaliseriez peut-être vos enfants d'un précieux soutien. Si ces derniers ont vécu ou vivent encore de grands bouleversements, la présence des grands-parents est un élément de stabilité salutaire pour eux. Leur implication est un facteur important qui assure une continuité dans la vie de vos enfants. Même si vous avez des récriminations contre vos parents, prenez conscience du fait qu'ils peuvent réussir avec vos enfants là où ils ont, en apparence, échoué avec vous. Cette réalité peut même devenir une façon de «réparer» certaines erreurs de leur part. Et lorsque la réparation est faite, les *patterns* douloureux ne sont plus perpétués d'une génération à l'autre.

Que ce soit vis-à-vis de n'importe lequel des membres de votre famille élargie, vous devez être compréhensive et patiente, tout en exprimant clairement vos attentes et en demeurant affirmée dans vos choix.

En regard des amis

Nous venons de voir que, par rapport à la famille élargie, vous avez été obligée de faire certains deuils. En ce qui a trait à vos amis, c'est la même chose. Vous avez sûrement constaté, depuis que vous vivez avec votre nouveau conjoint, que votre cercle d'amis s'est beaucoup modifié. En général, les amis qui étaient initialement les vôtres ne sont probablement pas disparus. Par contre, les amis communs que vous aviez avec votre ancien partenaire ont peut-être eu l'impression d'être pris entre deux feux, d'autant plus si vos relations avec lui sont incendiaires. Afin de réduire le malaise, évitez de «démoniser» votre ex-conjoint, ce qui est, de toute façon, maladroit et nuisible. Même si, au contraire, vous entretenez de bonnes relations avec lui et que vos amis savent que vous préférez ne pas le rencontrer au cours d'occasions spéciales, ceux-ci doivent faire un choix. Pleins de bonne volonté, ils ont probablement tenté d'alterner les invitations au début. Mais ce manège ne dure, en général, pas longtemps. Les gens finissent par se regrouper en fonction de leurs affinités réciproques. Il n'y a pas de bon ou de mauvais clan. Inutile de conserver de la rancœur face à des gens qui ne font plus partie de vos fréquentations.

Rappelez-vous qu'il y a plusieurs types de relations. Il y en a qui sont intenses mais courtes, d'autres qui sont courtes mais dérangeantes, d'autres encore qui sont dérangeantes, mais qui vous font apprendre beaucoup sur vous-même. Il y a des relations, comme le disait Montaigne, «qui ne sont qu'accointances et familiarités» ou encore des relations «à la vie, à la mort». Même si elles prennent des formes variées, ces relations ne sont jamais inutiles. Certaines passent, d'autres restent, mais il semble que l'univers a horreur du vide. D'ailleurs, j'ai remarqué que lorsque l'on perd une amitié, il en surgit souvent une nouvelle. Il n'y a pas de pires ou de meilleures personnes, il n'y a que des circonstances variées qui font pencher la balance d'un côté ou de l'autre.

Ne vous contraignez pas à entretenir des relations qui ne vous conviennent plus. Faites de la place pour les nouveaux amis qui entourent votre nouveau couple. Chaque personne qui devra prendre sa place près de vous deux le fera. Sachez toutefois qu'il n'est pas impossible de maintenir un noyau d'amis communs avec votre ex-partenaire; j'en suis la preuve vivante. Bien entendu, cela doit se faire sous le signe du respect et à la condition que ces relations interpersonnelles se déroulent sans qu'il y ait la moindre ambigüité. Une bonne entente mutuelle entre deux ex-conjoints peut parfois déranger certaines personnes, mais qu'à cela ne tienne, si c'est possible, c'est bien heureux pour vous.

Un nouvel horizon

Comme dans tous les changements ou passages dans la vie, accéder à quelque chose de différent implique que l'on fasse effectivement des deuils. Par contre, chaque deuil résolu se veut un terreau fertile d'où émergeront de nouvelles plantations. Bien engraissées, ces pousses sont souvent plus fortes et débordantes de vitalité, ce qui vous procure de belles et enrichissantes expériences. La vie en famille recomposée s'inscrit dans cette logique, d'autant plus que vos enfants et vous, au moment de la séparation, aurez appris à être plus créatifs et solidaires. Vos aurez appris à développer de nouvelles compétences et à avoir plus confiance en votre capacité à résoudre des problèmes. Vous savez maintenant qu'il est possible de traverser des épreuves et d'en sortir grandie. Riche de votre expérience, vous acceptez aujourd'hui de courir de nouveaux risques en choisissant de vivre en famille recomposée parce que vous n'êtes pas désabusée, que vous croyez encore en l'amour et qu'il est possible de s'épanouir au sein d'une famille.

Grâce à vos efforts, à vos investissements et à votre courage, votre décision de vous investir dans une nouvelle famille donnera naissance à une nouvelle culture, celle beaucoup plus plurielle du «nous». Vos enfants et vous ferez l'expérience de l'ouverture, de l'acceptation, de la différence et du respect. Sans cesse renouvelée sur vos simples vœux d'amour, votre relation de couple, chèrement acquise, deviendra alors un précieux trésor. Vous gagnerez en stabilité et vous goûterez à la richesse des relations durables. Vous bénéficierez des avantages et des forces de chacun tout en mettant les vôtres à profit. Cette vision peut être un peu romanesque, sans pour autant n'être pas dénuée de réalisme. Peut-être est-il nécessaire de rectifier ici une certaine perception un peu pessimiste et dévalorisante des familles recomposées. Nombreuses sont celles qui se révèlent un franc succès. Cette remarque concerne également les familles traditionnelles, mais il ne faut pas dénigrer les unes pour rehausser les autres.

Finalement, remplie de relations nouvelles, vous formerez bientôt un nouveau tout. À un certain moment, les défis auxquels vous devez faire face ne sont plus que ceux des gens qui cohabitent ensemble depuis longtemps. D'ailleurs, il faut cesser de mettre les moindres embûches sur le dos de la famille recomposée. La mésentente, le fait de déserter la famille, les comportements indésirables, les erreurs et les mauvais coups, la maladie ou les pertes sont le lot de toutes les familles. La vie suit son cours, avec ses hauts et ses bas qui vous rendent chaque jour plus complice.

* * *

Comme nous venons de le voir, pour apprécier pleinement la vie en famille recomposée, il vous aura fallu renoncer à plusieurs choses. Cela pourrait être facilement comparable à l'histoire d'un naufragé en plein océan. Imaginez qu'un homme vogue en solitaire sur un petit voilier. Au cours d'une grosse tempête, il perd le contrôle de son embarcation et celle-ci coule en mer. Seul au milieu de la houle, l'homme a l'immense chance de repérer une bouée de signalisation maritime. Après quelques efforts, il parvient à l'atteindre et s'y agrippe avec force. Cette bouée est, pour lui, salutaire. Elle lui permet de reprendre son souffle et d'éviter d'être submergé par les vagues. Au bout d'un certain temps, la tempête se calme jusqu'à disparaître. Toujours bien agrippé à la bouée, l'homme attend, espérant être repéré et secouru.

Après un certain nombre d'heures, il commence à être déshydraté et à sentir que ses forces diminuent rapidement. Depuis sa position, il voit une ligne de rivage très lointaine. L'homme sait que s'il persiste à rester à cette bouée, il risque d'y laisser sa peau. Ce qui l'avait d'abord sauvé est, à présent, probablement en train de le tuer. Sa seule chance de survivre est de courir un risque. Seulement, l'homme ne sait à quelle distance se trouve la terre et s'il aura la force nécessaire de s'y rendre, ni s'il y a des requins qui rôdent autour, ou encore si un récif de coraux l'empêchera d'atteindre le rivage. Il doit prendre une décision capitale. En fait, il doit prendre la plus grande décision de sa vie. C'est dans les quelques moments qui vont précéder son geste d'abandonner la bouée que l'homme vivra le plus d'anxiété. Ces moments sont extrêmement pénibles et douloureux. Toutefois, il se jette courageusement à l'eau et, rempli de toute l'adrénaline que lui procure sa décision, il ressent un regain d'énergie et fonce vers le rivage. Ses efforts seront fructueux puisqu'il atteindra la terre ferme quelques heures plus tard, sain et sauf.

Pour vivre en famille recomposée, il vous a fallu courir un risque, sauter à l'eau en laissant certaines bouées derrière vous et en acceptant les contraintes des conditions qui vous entourent. Vous ne pouvez savoir tout ce qui vous attend sur la terre ferme, mais vous savez que, au moins, vous aurez accédé à de nouvelles terres.

Chapitre 7

Exercice

Le contenu de ce livre vous aura permis d'explorer différents outils et différents moyens d'améliorer votre vie en famille recomposée. Vous avez probablement constaté que vous mettiez déjà en application certains principes ou certaines techniques. Peut-être, par contre, avez-vous eu envie d'en essayer de nouveaux. Si c'est le cas, allez-y étape par étape. Commencez par ceux qui vous apparaissent plus faciles ou plus urgents. Puis, une fois que vous aurez expérimenté une nouvelle façon de faire, vous pourrez passer à la suivante. Ainsi, vous ne vous découragerez pas.

Dans ce chapitre, je vous propose un canevas du processus de solution de problèmes afin que vous puissiez mettre cette technique en application. De cette façon, il vous sera plus facile de passer de la théorie à la pratique.

Processus de solution de problèmes

Étape 1
Définir le ou les problèmes

1. Concernant (nom): _____
   Le problème est: _____

2. Concernant: _____
   Le problème est: _____

3. Concernant: _____
   Le problème est: _____

4. Concernant: _____
   Le problème est: _____

5. Concernant: _____
   Le problème est: _____

6. Concernant: _____
   Le problème est: _____

Étape 2
Rechercher des solutions
(Répétez les prochaines étapes pour chaque problème.)

Problème retenu : _____

Solutions possibles :

☐ _____

☐ _____

☐ _____

☐ _____

☐ _____

☐ _____

☐ _____

☐ _____

☐ _____

☐ _____

☐ _____

☐ _____

☐ _____

☐ _____

☐ _____

Étapes 3
Choisir des solutions

Solution 1 : _____

Solution 2 : _____

Solution 3 : _____

Solution 4 : _____

Solution 5 : _____

- *Les solutions envisagées permettent-elles de résoudre le problème qui a été soulevé ?*

  ☐ Oui   ☐ Non

- *Avons-nous les compétences pour appliquer les solutions envisagées ? Sinon, y a-t-il moyen de combler cette lacune ?*

  ☐ Oui   ☐ Non

- *Les solutions envisagées sont-elles réalistes en fonction des coûts, des efforts exigés, du nombre de personnes qu'elles impliquent et du temps qu'elles requièrent ?*

  ☐ Oui   ☐ Non

- *L'application des solutions envisagées génère-t-elle des craintes ou de l'inconfort ?*

  ☐ Oui   ☐ Non

- *Le choix des solutions envisagées respecte-t-il les valeurs des personnes en cause ?*

  ☐ Oui   ☐ Non

Étape 4
Planifier la mise en œuvre de la solution

Solution 1 : _____

Qui fait quoi, quand ?

_____

Solution 2 : _____

Qui fait quoi, quand ?

_____

Solution 3 : _____

Qui fait quoi, quand ?

_____

Solution 4 : _____

Qui fait quoi, quand ?

_____

Solution 5 : _____

Qui fait quoi, quand ?

_____

Quand se fera l'évaluation des solutions ?

_____

Étape 5
Évaluer

- *La solution 1 a-t-elle fonctionné ? Sinon, pourquoi ?*

_____

- *La solution 2 a-t-elle fonctionné ? Sinon, pourquoi ?*

_____

- *La solution 3 a-t-elle fonctionné ? Sinon, pourquoi ?*

_____

- *La solution 4 a-t-elle fonctionné ? Sinon, pourquoi ?*

_____

- *La solution 5 a-t-elle fonctionné ? Sinon, pourquoi ?*

_____

- *Le problème est-il résolu ? Sinon, quelles autres solutions pouvons-nous envisager ?*

_____

Le mot de la fin

Tout au long du livre, nous avons abordé différents aspects de la vie en famille recomposée. Nous avons vu à quel point il est primordial de prendre soin de votre couple en protégeant votre intimité et en maintenant une saine communication. Nous avons rappelé qu'il était important de toujours demeurer en paix face à votre ex-conjoint afin que votre relation avec celui-ci n'ait pas d'impact négatif sur votre vie familiale. Nous avons ensuite exploré la complexité du rôle de beau-parent et constaté qu'un tel rôle demande de l'investissement, du tact et de la patience. Puis, nous nous sommes penchées sur les relations entre les enfants. Nous avons mis l'accent, entre autres, sur l'importance d'être justes. Nous avons également parlé de l'importance des relations avec l'entourage, nous avons réalisé à quel point il était important d'être souples et ouvertes envers tout le monde. Finalement, nous avons mentionné l'utilité de certains outils du cinquième chapitre, qui se sont ajoutés à ceux suggérés dans les autres chapitres, afin que vous puissiez consolider vos liens familiaux.

C'est ici que s'achève cet ouvrage. J'espère de tout cœur qu'il vous a plu et, surtout, qu'il vous a été utile ou le sera. Il ne me reste plus qu'à vous souhaiter le plus grand des succès dans votre vie en famille recomposée. N'oubliez pas que votre rapport avec les autres est le miroir du rapport que vous entretenez avec vous-même. Considérant cela, la vie en famille devient alors un précieux laboratoire humain d'où émergeront d'agréables surprises. Si vous êtes authentique, que vos intentions sont bonnes et que vous êtes à l'écoute de ce que vous dicte votre cœur, vous êtes certainement dans d'excellentes dispositions pour contribuer à faire de votre famille recomposée un lieu privilégié d'épanouissement.

Table des matières